Iris Hammelmann

Aquafitness

Kraft und Ausdauer im Wasser trainieren

Compact Verlag

Bisher sind in dieser Reihe u. a. erschienen:

- Bauch, Beine, Po – Bodystyling mit Erfolg
- Biking – Topfit durch Radfahren
- Fatburner – Genussvoll in Form
- Fit ohne Stress – Sofortprogramm für Lazy Bones
- Kalorien, Nährstoffe, Vitamine – Bewusst essen und genießen
- Laufen – Power Schritt für Schritt
- Nordic Walking – Training für den ganzen Körper
- Pilates – schlank und schön auf sanfte Art
- Sanftes Rückentraining – Übungen, Massage, Entspannung
- Sauna, Dampfbad & Co. – Wellness für Körper und Geist

Chefredaktion: Evelyn Boos
Redaktion: Uta Lux
Produktion: Wolfram Friedrich
Titelabbildung: Mauritius GmbH
Illustrationen: Doris Oppenauer
Typografischer Entwurf: Carsten Abelbeck
Umschlaggestaltung: Axel Ganguin

ISBN 3-8174-5837-1
5258371

Mehr Infos im Internet unter www.compactverlag.de

Aquafitness

Vorwort

Haben Sie Lust, etwas für Ihren Körper und Ihre Gesundheit zu tun? Möchten Sie Spaß am Sport haben? Und legen Sie außerdem Wert auf eine gute Figur? Dann ist Aquafitness goldrichtig für Sie! Hinter dem Begriff Aquafitness verbirgt sich eine große Zahl verschiedener Übungen und Techniken – von Stretching bis Boxen – die alle im Wasser durchgeführt werden. Das Tolle daran: Weil eine so große Anzahl an verschiedenen Trainingsformen zur Verfügung steht, wird es nie langweilig. Die Motivation, sich selbst etwas Gutes zu tun, bleibt erhalten und wird nicht durch eintönige und immer gleich bleibende Aktivitäten erstickt. Jeder findet seine Favoriten, kann nach Lust und Laune zwischen den einzelnen Übungen wechseln und fühlt sich im Training rundum wohl. Noch ein Vorteil: Sie können das ganze Jahr über trainieren. Wer hat schon Lust, im Sommer bei glühender Hitze zu joggen oder sich auf dem Fahrrad abzustrampeln? Stattdessen lockt das Freibad, der Badesee oder sogar das Meer. Und auch im Winter, wenn es früh dunkel wird, brauchen Sie auf Ihren Sport nicht zu verzichten. Viele Hallenbäder haben abends lange geöffnet, sodass Sie, geschützt vor Wind und Wetter, Ihre Fitness verbessern können.

Dieser Ratgeber zeigt sowohl Einsteigern als auch Fortgeschrittenen, wie sie auf schonende Weise Kraft und Ausdauer stärken und den Gleichgewichtssinn sowie die Konzentration schulen können. Die Eigenschaften des Wassers tun dabei dem Körper wohl und intensivieren noch den Trainingseffekt. Der Schwerpunkt des vorliegenden Buches liegt auf Übungen, die ohne großen finanziellen und organisatorischen Aufwand in jedem Schwimmbad durchgeführt werden können. Da sowohl die Vielfalt der möglichen Trainingseinheiten als auch der Spaßfaktor durch die Verwendung von Hilfsmitteln enorm gesteigert wird, werden verschiedene Aquafitness-Geräte vorgestellt. Neben diesen theoretischen Ausführungen soll selbstverständlich die Praxis nicht zu kurz kommen. Genaue Beschreibungen der jeweiligen Übungen mit zahlreichen erklärenden Abbildungen sorgen dafür, dass es im Wasser sofort losgehen kann.

Tauchen Sie ab

Warum Training im Wasser besser ist als an Land

Der Mensch besteht im Durchschnitt zu 63 % aus Wasser. In allen Körperflüssigkeiten ist es enthalten. Es spielt in der Verdauung eine Rolle, hilft beim Transport wichtiger Nährstoffe und beim Abtransport der Endprodukte Kot und Urin. Wasser reguliert die Körpertemperatur des Menschen. Täglich geht es dem Organismus verloren und muss aufgefüllt werden. Geschieht das nicht, können die Abfallprodukte des Stoffwechsels nicht mehr abtransportiert werden. Es bildet sich eine Konzentration gefährlicher Gifte. Der Mensch ist also nicht nur aus Wasser gemacht, er braucht es auch für die lebensnotwendigen Abläufe im Körper.

Wasser ist Leben

Auch, wenn wir uns nicht mehr daran erinnern können: Unser Leben begann im Wasser nämlich im Fruchtwasser unserer Mutter. Das ist lange her. Der Mensch ist es gewohnt, an Land zu leben mit Luft um sich herum. Deshalb erlebt er Bewegungen im Wasser vollkommen anders als an Land. Diese veränderte Wahrnehmung macht einen Teil des Reizes von Aquafitness aus. Sie stellt eine Abwechslung zum Alltag mit seinen Bewegungen dar. Das Wasser besitzt außerdem zahlreiche positive Eigenschaften, die es fast allen Menschen ermöglichen, ein ideales Fitnesstraining durchzuführen.

Nicht zu viel Wärme

Vorsicht: Trainieren Sie niemals in Wasser, das wärmer als 30 Grad ist, Entspannungsübungen ausgenommen! Bei einer so hohen Temperatur ist die Differenz zu den herrschenden knapp 37 Grad im Körperkern zu gering, als dass genug Wärme an das Wasser abgegeben werden könnte. Und die natürliche Schutzfunktion des Menschen, das Schwitzen, funktioniert nicht. Es kommt zum Wärmestau und damit zu einer akuten Kreislaufbelastung.

Wassertemperatur

Die Körpertemperatur eines gesunden Menschen beträgt knapp 37 Grad. Da Wasser eine hohe Wärmeleitfähigkeit hat, (sie ist 25-mal höher als die der Luft), würde man in 26 Grad warmem Wasser irgendwann zu frösteln beginnen, wenn man sich nicht bewegt. Ganz anders bei 26 Grad Lufttemperatur. Trotz der hohen Wärmeleitfähigkeit des Wassers geht der Temperaturverlust des menschlichen Körpers aber relativ langsam voran. Das liegt daran, dass der Organismus gegensteuert. Er reagiert auf das Medium, das ihn umgibt und dessen Temperatur mit einer vorübergehenden Verengung der Blutgefäße in den Extremitäten. Die Folge: Das Blut konzentriert sich auf den Körperkern, weniger Körperwärme wird abgegeben. Je größer die Differenz zwischen Körperkern- und Wassertemperatur, desto schneller beginnt man zu frieren. Dagegen hilft Bewegung. Zur Überhitzung oder zum Wärmestau kommt es trotzdem selten. Intensive sportliche Betätigung im Wasser führt nämlich dazu, dass die Durchblutung der Körperhülle verstärkt wird. Das wiederum steigert die Bereitschaft des Körpers, Wärme an das Wasser abzugeben.

Training für die Körperabwehr

Nach dem Sport gehen Puls und Atmung schneller, und spätestens am nächsten Tag spürt man seine Muskeln. Dies sind Indizien dafür, dass sich im Organismus etwas getan hat. Beim Training im Wasser allerdings werden nicht nur die Muskeln beansprucht und trainiert, sondern auch die allgemeine Gesundheit gefördert. Wie schon erwähnt, sinkt die Temperatur im Körperinneren im Wasser ab. Verlässt man nach dem Training das Becken, steigt die Temperatur langsam wieder an. Regelmäßiges Aquatraining bewirkt also, dass sich die Temperatur im Körperkern regelmäßig verändert – dies wiederum bedeutet für das Immunsystem Herausforderung und Übung zugleich. Der Organismus wird weniger anfällig für Husten, Schnupfen & Co.

Totale Entspannung

Kennen Sie das auch: Sie steigen in ein Schwimmbecken, lassen sich einige Minuten treiben und fühlen sich augenblicklich total entspannt. Das ist nicht verwunderlich. Die Reizbarkeit des Nervensystems sinkt nämlich im nassen Element. So kommen Körper und Seele innerhalb kurzer Zeit zur Ruhe. Durch den Auftrieb stellt sich zusätzlich ein Gefühl der Leichtigkeit ein. Man kann sich im wahrsten Sinne des Wortes treiben lassen. Das entspannt die Psyche. Muskeln, Sehnen und Bänder profitieren von der angenehm wohligen Temperatur. Auch sie trägt dazu bei, dass Verkrampfungen und Verhärtungen sanft gelöst werden. Die Geschmeidigkeit des Bewegungsapparates wächst.

Hoher Stoffwechsel, niedriges Gewicht

Bewegung im Wasser ist ideal, um ein paar Kilos loszuwerden. Die Temperatur des Mediums ist niedriger als die des Körperkerns. Zum Ausgleich steigert der Organismus seinen Energieumsatz, also den Stoffwechsel. Das Training selbst braucht ebenfalls Energie. Der Stoffwechsel muss also weiter erhöht werden. Ein hoher Stoffwechsel bedeutet nichts anderes, als dass Nährstoffe, die dem Körper zugeführt werden, gleich wieder verbrannt werden. Nimmt man so viel Nahrung auf wie üblich, kann sich diese gar nicht erst als Fettpölsterchen festsetzen. Für Menschen, die eine Nahrungsreduktion durchhalten müssen, ist die Steigerung des Stoffwechsels besonders wichtig, da ihr Körper als Reaktion auf die reduzierte Kost den Stoffwechsel drosselt.

Genießen Sie die Schwerelosigkeit

Jeder hat bestimmt schon einmal im Schwimmbad „toter Mann“ gespielt, also sich einfach auf den Rücken gelegt und vom Wasser tragen lassen. Warum funktioniert das eigentlich?

Das Gesetz des Archimedes besagt, dass ein Körper im Wasser so viel Gewicht verliert, wie die von ihm verdrängte Flüssigkeit wiegt. Reicht das Wasser bis zum Bauchnabel, lastet 50 bis 60 % weniger Körpergewicht auf den Fußgelenken. Taucht der gesamte Körper ins Wasser, stellt sich fast Schwerelosigkeit ein. Der Körper „wiegt" nur noch zwei oder drei Kilo.

Statischer Auftrieb

Wenn wir einen leichten Plastik- oder Schaumstoffball, der an Land einfach auf dem Boden liegen bleiben würde, auf den Boden eines gefüllten Schwimmbeckens legen, taucht er sofort an die Wasseroberfläche. Schuld ist der so genannte statische Auftrieb. Dahinter verbirgt sich eine Kraft, die jeden Gegenstand senkrecht nach oben an die Wasseroberfläche treibt. Auch hier hat das Archimedische Gesetz seine Gültigkeit. Diese Kraft kann nämlich nur entstehen, weil der Gegenstand durch die Wasserverdrängung an Eigengewicht verloren hat, also leichter geworden ist.

Optimaler Auftrieb

Entlastung: Muskeln und vor allem Gelenke müssen kein schweres Körpergewicht mehr stemmen. Sie werden entlastet. Das macht sich besonders bei Menschen mit Übergewicht bzw. angegriffenem Bewegungsapparat positiv bemerkbar.

Ungefährlich: Es besteht niemals die Gefahr, beim Training zu stürzen. Das Wasser fängt jeden auf.

Salto: Im Wasser sind Übungen möglich, die an Land undenkbar wären. So kann man aus dem Stand beide Knie zum Bauch ziehen.

Dynamischer Auftrieb

Außer dem statischen gibt es noch den dynamischen Auftrieb. Seine Wirkung lässt sich leicht an einem Beispiel verdeutlichen. Kein Mensch kann auf dem Wasser gehen oder stehen. Beim Wasserski ist das anders. Und das liegt nicht an den Skiern, die man unter den Füßen hat, sondern an der Geschwindigkeit, mit der man über das Wasser gezogen wird. Selbst ein Gegenstand, der normalerweise aufgrund seines Gewichts untergeht, kann durch Geschwindigkeit, also Dynamik, „tragfähig" gemacht werden. Dynamischer Auftrieb ent-

steht bei allen Aquafitness-Übungen. Wie stark er ist, hängt davon ab, ob sich nur ein Teil oder der ganze Körper im Wasser befindet. In jedem Fall entlastet er aber die Knochen zusätzlich und trägt damit zur besseren Verträglichkeit der Übungen bei.

Wasser leistet Widerstand

Mit ein wenig Technik und Übung kann sich der Mensch im Wasser recht schnell fortbewegen. Allerdings nur, wenn er wie ein Fisch durchs nasse Element gleitet. Schreitet er aufrecht auf seinen beiden Füßen durchs Becken, kommt er nur langsam und unter Mühen voran. Diese Schwierigkeiten sind auf den Wasserwiderstand zurückzuführen. Der Wasserwiderstand ist in erster Linie ein Reibungswiderstand, der rund 800-mal größer ist als der der Luft. Wie hoch der Widerstand ist, der auf den Körper wirkt, hängt von mehreren Faktoren ab.

Erstaunlich ist, dass der Widerstand, den das Wasser dem Sportler entgegensetzt, sich nicht etwa verdoppelt, wenn sich das Trainingstempo verdoppelt. Es ist viel mehr so, dass der Widerstand sich dann bereits vervierfacht. Beim Aquajogging erreicht man leicht einen Gegendruck, der 12- bis sogar 14-mal höher ist, als er es an Land wäre.

Merksätze

- Je größer die Frontalfläche des Körpers desto größer der Widerstand.
- Je höher die Bewegungsgeschwindigkeit desto größer der Widerstand.

Gut für Ausdauer und Kraft

Durch die Kraft, die das Nass dem Menschen entgegensetzt, bewirkt Bewegung schnell eine hohe Belastung. Das heißt, ein für das Training wünschenswerter Puls ist schnell erreicht. Hält der für mindestens 30 oder besser 45 Minuten an und wird dieses Training regelmäßig durchgeführt, wirkt sich das positiv auf das Herz-Kreislauf-System aus und zusätzlich wird die Ausdauer verbessert.

Beim Aquatraining ist schnell eine hohe Belastung erreicht, die Gefahr der Überlastung ist jedoch extrem gering. Deshalb ist diese Sportart für Einsteiger besonders günstig. Denn schon nach kurzer Zeit sind Leistungssteigerungen zu beobachten, die wiederum motivierend wirken. Trotzdem wird der untrainierte Körper nicht überfordert. Fortgeschrittene haben den Vorteil, dass sie ihrem Organismus eine Menge mehr abverlangen können als auf dem Trockenen, ohne Angst vor Verletzungen oder Kreislaufproblemen zu haben.

Ganzkörpertraining

Jede kleine Bewegung verlangt den Muskeln im Wasser mehr Kraft ab als an Land. Wer regelmäßig übt, wird schnell feststellen, dass der gesamte Bewegungsapparat gestärkt wird. Ein ganz großer Vorteil ist, dass in diesem Medium auch Muskeln gefordert sind, die sonst wenig beansprucht werden. Beim Joggen durch den Wald wird beispielsweise in erster Linie die Muskulatur der Beine bis hinauf zur Hüfte gefordert. Der Oberkörper kann etwas einbezogen werden, indem man die Arme

Trainingspuls

So bestimmen Sie Ihren optimalen Trainingspuls:

1. Errechnen Sie Ihren Maximalpuls:
   220 minus Lebensalter = maximaler Pulsschlag (beim Training nie überschreiten!)
   Beispiel: maximaler Pulsschlag einer 40-jährigen Person: 180
2. Trainingspuls zur Stabilisierung der Gesundheit: 50 bis 60 % des Maximalpulses
   Beispiel für 40-jährige Person: 90 bis 108
3. Trainingspuls zur Aktivierung des Fettstoffwechsels: 60 bis 70 % des Maximalpulses
   Beispiel für 40-jährige Person: 108 bis 126
4. Trainingspuls zur Steigerung der Ausdauer: 70 bis 80 % des Maximalpulses
   Beispiel für 40-jährige Person: 126 bis 144

kräftig mitschwingt. Beim Aquajogging muss die Rumpfmuskulatur den Oberkörper gegen die Wasserkraft stabilisieren und wird dadurch ebenfalls intensiv trainiert. Auch bei anderen Aqua-Disziplinen profitiert der ganze Bewegungsapparat. Je tiefer das Wasser desto höher der Auftrieb. Je nachdem, wo geübt wird, können noch Wellenbewegungen hinzukommen. Alles Faktoren, die es dem Menschen erschweren, aufrecht an einem Punkt stehen zu bleiben, um zum Beispiel gymnastische Übungen durchzuführen. Ein Großteil aller Muskeln ist damit beschäftigt, den Körper zu stabilisieren. Ständig wechseln sie zwischen An- und Entspannung. Diese permanente Muskelaktivität ist ein großes Trainingsplus, das „nebenbei" und fast unbemerkt absolviert wird.

Wasser macht Druck

Neben Temperatur, Auftrieb und Widerstand spielt auch der Wasserdruck beim Aquafitness eine große Rolle. Druck umgibt den Menschen, wo er geht und steht. Der Luftdruck liegt konstant bei einem Bar. Der hydrostatische

Druck, also der Druck, der im Wasser herrscht, verändert sich je nach Tiefe. Pro einem Meter Wassertiefe wächst er um 0,1 bar. Das heißt aber nicht, dass der Körper in einem Meter Wassertiefe einem Druck von 0,1 bar, also weniger als an der Luft, ausgesetzt ist, da auch der Luftdruck noch hinzugerechnet werden muss, sodass in dieser Tiefe der Gesamtdruck 1,1 bar beträgt.

Die Atemmuskulatur

Der mit Luft gefüllte Brustkorb wird im Wasser zusammengedrückt. In großer Tiefe kann der Druck dann so hoch sein, dass man aus eigener Kraft nicht mehr in der Lage ist, den Brustkorb zum Einatmen zu weiten. In flacherem Wasser, wo der Druck eher gering ist, bringt genau dieser Effekt positiven Nutzen. Das Einatmen wird erschwert, die dafür benötigte Muskulatur muss mehr leisten und wird trainiert. Gleichzeitig wird das Ausatmen erleichtert. Der Brustkorb ist durch den herrschenden Druck bereits in der Ausatmungsstellung. Mehr verbrauchte Luft als beim üblichen Atmen an Land kann aus der Lunge strömen. Britische Wissenschaftler haben herausgefunden, dass Aquasportler wesentlich weniger an Bronchitis erkranken als diejenigen, die „nur" an der frischen Luft trainieren. Für Menschen, die häufig unter Atemwegsproblemen leiden, sogar für Asthmatiker ist Aquafitness daher gut geeignet. Natürlich immer nach Absprache mit dem Arzt.

Der Stützstrumpfeffekt

Auch auf die Blutgefäße wird Druck ausgeübt. Vereinfacht kann man sagen, dass dieser Druck sich aufgrund der ausgeführten Bewegungen ständig verändert. Für die Gefäße bedeutet das, sie werden ständig verengt, weiten sich wieder, werden wieder verengt. Das kräftigt die Gefäßwände. Der Effekt: Das Risiko, Gefäßerkrankungen zu bekommen, schrumpft. Vor allem sinkt das Risiko von Venenleiden wie zum Beispiel Krampfadern. Die entstehen, wenn sich Hautvenen krankhaft erweitern. Die Erweiterung kann dazu führen, dass die Venenklappen zunächst schwer und später gar nicht mehr schließen können. Ein Blutstau ist die Folge, der wiederum die Venen weitet. Training im Wasser kann die Schwächung der Venenklappen verhindern und stärkt auch die Arterien, die den Körper mit Sauerstoff versorgen. Die Wassertemperatur, die unter der Körpertemperatur liegt, verstärkt diesen günstigen Effekt noch, da sich die Gefäße zusammenziehen. Nach dem Ende des Trainings, wenn der Sportler sich an Land aufwärmt, weiten sie sich wieder.

Massage inklusive

Jeder Mensch braucht Berührungen und Streicheleinheiten. Das fängt beim Neugeborenen an und geht bis zum Greisenalter weiter. Man hat herausgefunden, dass das Wohlbefinden, das Körperkontakt beschert, nicht nur der Seele gut tut. Der gesamte Organismus profitiert. So entwickeln sich zum Beispiel Frühchen deutlich besser und nehmen schneller an Gewicht zu, wenn sie regelmäßig gestreichelt und massiert werden. Und auch Kranke werden schneller wieder gesund, wenn sie häufige Berührungen genießen dürfen. Eine mögliche Erklärung ist, dass der Pegel an Stresshormonen sinkt. Gleichzeitig wird ein Hormon ausgeschüttet, das beispielsweise auch während des Orgasmus den Körper beeinflusst.

Das Wasser streichelt permanent und großflächig die Haut. Durch seinen Widerstand und seinen Druck kann das Streicheln zur Massage werden. Diese löst verkrampfte Muskeln und lockert Verspannungen. Außerdem wird durch diese Berührung der Stoffwechsel und die Durchblutung angeregt.

Cremen nicht vergessen!

Aquafitness verbessert die Durchblutung und hält die Haut elastisch. Aber: Wasser trocknet auch aus. Besonders, wenn Chlor im Einsatz ist, das Keime abtöten soll. Deshalb ist es wichtig, die Haut nach dem Training mit Feuchtigkeit zu versorgen!

Aquafitness – so entstand das Wassertraining

Aerobic, Stretching, Spinning – neue Fitness-Trends sprießen schon seit Jahren aus dem Boden. Heute hat man das Gefühl, die Schnelllebigkeit unserer Zeit macht sich auch in diesem Be-

reich bemerkbar: Ständig muss ein neuer Trend mit möglichst coolem Namen her. Gehört Aquafitness dazu? Nein! Zugegeben: Auch in diesem Bereich ist die Entwicklung einer gewissen Mode unterworfen. Aquapower lockt deutlich mehr Interessierte an als die etwas altbacken klingende Wassergymnastik. Von einem Trend, der in den nächsten Jahren wieder vergessen sein wird, kann bei Fitnesstraining im Wasser dennoch nicht die Rede sein. Die Auswirkungen auf die Gesundheit, das Wohlbefinden und die Figur sind einfach zu bedeutend. Bewegung im Wasser feierte vor allem im Rahmen von Rehabilitationsmaßnahmen große Erfolge. Es waren in erster Linie Sportler, die verletzungsbedingt eine Trainingspause hätten einlegen müssen, die sich Aquafitness zunutze machten. Sie konnten im Training bleiben, ohne ihre Knochen- oder Muskeldefekte womöglich noch zu verschlimmern. Ein prominentes Beispiel ist die Weltklasseläuferin Mary Decker. Sie zog sich eine schmerzhafte Entzündung der Achillessehne zu – ausgerechnet wenige Wochen vor den Olympischen Sommerspielen 1984 in Los Angeles. Für rund zweieinhalb Wochen verlegte sie ihr normales Lauftraining ins Wasser, wo sie die glei-

Eine zufällige Entdeckung

Ausgerechnet ein Amerikaner mit dem Namen Glenn McWaters soll die Aquafitness-Welle losgetreten haben. Der Leichtathletiktrainer der US-Marines kehrte 1970 mit einer Fußverletzung aus Vietnam zurück. Um im wahrsten Sinn des Wortes wieder auf die Beine zu kommen, begann er mit Rehabilitationsmaßnahmen. Doch die brachten nur langsame Fortschritte. Also verordnete McWaters sich ein Lauftraining in seinem Pool. Die Idee dabei war, dass er Laufbewegungen ausführen wollte, ohne dass der verletzte Fuß den Boden berühren und Gewicht abfangen musste. Um dem Auftrieb standzuhalten und in einer aufrechten Position zu bleiben, benötigte er ein Hilfsmittel. Er probierte mehrere, darunter Wasserski und Rettungswesten, aus, doch die Ergebnisse stellten ihn nicht zufrieden. Also bastelte er selbst etwas: eine Weste aus Neopren. Damit lief er nun regelmäßig durch sein heimisches Schwimmbecken – Aquawalking und Aquajogging, beides wichtige Elemente von Aquafitness, waren geboren. Und der Heilungsprozess ging erstaunlich schnell voran.

chen Bewegungen machte wie an Land, allerdings ohne den Boden zu berühren. Rund zehn Tage nach diesem Spezialtraining stellte Decker einen Weltrekord über 2000 Meter auf. Außerdem konnte die Sportlerin an den Spielen in Los Angeles teilnehmen.

Eine andere Olympiasportlerin, Mary Sanders, die nach ihrer aktiven Zeit als Sportlehrerin in Nevada arbeitete, gilt als erste Aquafitness-Instruktorin überhaupt. Sie erforschte die Wirkung von Training im Wasser auf bestimmte Zielgruppen zum Beispiel auf Menschen mit bestimmten Körperschäden oder auch auf einzelne Altersgruppen. Immer wieder wurde sie nach speziellen Programmen gefragt. Allen voran wendeten sich Leistungssportler oder deren Betreuer an sie, wenn Fuß- oder Beinverletzungen vorlagen. Aber auch gesunde Leistungssportler wollten die entlastende Bewegung im Wasser gern in ihre Trainingspläne einbauen. Also erarbeitete Mary Sanders solche Programme und gab sie auf Kongressen und in Kursen an Ausbilder weiter, sodass Aquafitness schnell viele Anhänger fand. Für viele Top-Sportler gehört das Training im Wasser heute zur ganz normalen Tagesordnung. Neben Jogging und Gymnastik haben sich spezielle Disziplinen entwickelt, die im nächsten Kapitel vorgestellt werden. Der Vorteil dieser verschiedenen Formen ist, dass sich jeder ganz speziell für seine Bedürfnisse und für seine Fähigkeiten die richtigen Bewegungskombinationen mit den unterschiedlichsten Geräten aussuchen kann. Die Vielfalt schützt außerdem vor Langeweile, der größte Feind regelmäßigen Trainings.

Neben den verschiedenen Disziplinen sind auch unterschiedliche Hilfsmittel entstanden. Das sind zum Beispiel Weiterentwicklungen der Neoprenweste von Glenn McWaters. Und es sind Geräte, die die Effektivität einzelner Übung steigern bzw. einfach für mehr Spaß im Wasser sorgen.

Zu Risiken und Nebenwirkungen

Grundsätzlich ist zu sagen: Sport ist generell gut! Bewegung ist sowohl für den Knochenbau sowie die Gelenke und Sehnen als auch für das Herz-Kreislauf-System förderlich. Aquafitness hat besondere Vorteile und eignet sich daher vor allem für Einsteiger oder Wiedereinsteiger, stellt aber auch für den trainierten Sportler eine Herausforderung dar. Es ist also für alle Menschen, die auf ihre Gesundheit und körperliches Wohlbefinden bedacht sind, sinnvoll. Wer sich aber länger nicht sportlich betätigt hat, sollte sich vor dem Start unbedingt ärztlich untersuchen lassen, um eine Schädigung auszuschließen.

Kontraindikationen

In diesem Kapitel wurde ausführlich auf die vielen Vorteile von Wassersport eingegangen. Nachteile gibt es nicht. Jedenfalls nicht für den gesunden Menschen. Auch kranke oder verletzte Personen können sich mit Übungen im nassen Element etwas Gutes tun. Leider gibt es aber auch Patienten, die – zumindest vorübergehend – darauf verzichten sollten. Bei auf der Seite 19 aufgeführten Symptomen sollte unbedingt der behandelnde Arzt konsultiert werden, bevor man mit Aquafitness beginnt.

Auswahl der Übungen

Genau wie bei der Gymnastik, dem Stretching oder anderen Disziplinen an Land gibt es im Wasser Übungen, die mehr schaden als nützen. Allerdings ist zu sagen, dass Schäden, wenn sie überhaupt auftreten, meist sehr viel geringer ausfallen. Die Anleitungen in diesem Buch sollen helfen, die Bewegungen so auszuführen, dass sie dem Organismus gut tun. Trotzdem ist es – vor allem am Anfang – immer sinnvoll, mit einem Lehrer zu üben. Sollten Sie sich für einen Kurs entscheiden, gilt: Nicht alle Übungen müssen mitgemacht werden. Schließlich ist nicht jeder Mensch gleich. Während der eine biegsam ist, muss der andere den Rücken schonen und darf ihn keinesfalls „verbiegen". Es wäre fatal, alle Bewegungen unbedingt am besten, am schnellsten und am kräftigsten ausführen zu wollen. Auch die Anzahl der Wiederholungen ist nur eine Richtlinie, die bei durchschnittlicher Kondition zu schaffen sein müsste. Beginnen Sie aber ruhig mit einer kleineren Frequenz und steigern Sie sich später. Hören Sie lieber auf Ihren Körper als auf Ihren Ehrgeiz.

Der Trainingsort

Nur wenige sind in der glücklichen Lage, in der sich McWaters befand, der als Erfinder des Aquajogging gilt. Ihm stand ein eigener Pool zur Verfügung. Die meisten müssen mit öffentlichen Schwimmbädern vorlieb nehmen. Oder sie gehen an den nah gelegenen Baggersee oder sogar ans Meer. In der freien Natur ist die gesunde frische Luft natürlich ein spürbarer Vorteil, vor allem, wenn man ans Meer fährt.

Dennoch sollte man sich klar machen, dass es auch viele Nachteile gibt. Der Untergrund im See oder Meer ist zum Beispiel uneben. Es können Steine auf dem Grund herumliegen oder Glasscherben. Schuhe sind hier unerlässlich. Die Tiefe ist teilweise schwer einzuschätzen und wechselt rasch. Auch muss man sich beim Training im Meer häufig auf Wellenbewegungen einstellen, die zusätzlichen Widerstand bieten und aus dem Gleichgewicht bringen können.

Für manche Disziplinen und vor allem für Fortgeschrittene, die eine neue Herausforderung oder einfach Veränderung wünschen, ist die Natur ein interessanter Trai-

Vorsicht bei diesen Symptomen

- offene Wunden: Es sollte selbstverständlich sein, dass man mit offenen Wunden nicht ins Wasser steigt. In einigen Fällen ist es möglich, die Wunde wasserdicht zu verpacken. Ist die Wunde am Kopf, kann sie möglicherweise durch ein wasserdichtes Pflaster geschützt werden.
- akute Entzündungen: Für Entzündungen gilt generell das Gleiche wie für offene Wunden. Sie entstehen, wenn beispielsweise Schmutz in verletztes Gewebe dringt.
- akute Infektionen: Infektionen werden durch Bakterien ausgelöst. Es ist nicht sinnvoll, damit in ein öffentliches Schwimmbad zu gehen, wo sie sich durch Feuchtigkeit und Wärme hervorragend verbreiten können. Schließlich wollen Sie Ihre Mitmenschen nicht anstecken.
- akutes Asthma: Für Asthmapatienten kann Aquafitness eine sehr wirkungsvolle Therapieunterstützung sein. Allerdings tritt bei Asthma bronchiale ohnehin häufig Atemnot bedingt durch eine krampfartige Verengung der Luftwege auf. Wird nun noch durch den Wasserdruck das Einatmen erschwert, kann es zu gefährlichen Situationen kommen.
- Herzbeschwerden: Beim Gesunden werden durch Aquafitness Herz und Kreislauf gestärkt und dafür gesorgt, dass das Herz effizienter arbeitet. Das erhöhte Blutvolumen kann aber bei verengten Blutgefäßen im Koronarbereich dazu führen, dass das Herz nicht ausreichend mit Sauerstoff versorgt wird.
- Hauterkrankungen: Bei einigen Hautkrankheiten sollte Wasser, vor allem Chlorwasser gemieden werden. Konsultieren Sie hierzu einen Hautarzt.
- Epilepsie: Bei Epilepsie und anderen Krankheiten, die mit Anfällen einhergehen, sollte man nicht im Wasser trainieren. Die Gefahr des Ertrinkens ist zu groß. Möglicherweise kann ein Training absolviert werden, wenn ein ausgebildeter Betreuer anwesend ist.

ningsort. Alle anderen sollten aber zunächst ein herkömmliches Schwimmbad vorziehen. Bei der Wahl des am besten geeigneten Bades für Fitness im Wasser ist jedoch einiges zu beachten.

Das Becken

Das A und O ist natürlich das Schwimmbecken. Sollen Übungen im flachen oder im tiefen Wasser gemacht werden? Entsprechend wird man ein Nichtschwimmer- oder ein Schwimmerbecken wählen. In vielen Freizeitbädern gibt es ein Becken, das vom flachen langsam in das tiefe Wasser übergeht. Hier ist man am besten aufgehoben, denn man kann ohne Ortswechsel alle Bewegungen kombinieren. Aber Achtung: Man sollte sich gut merken, an welchem Punkt man nicht mehr stehen kann! Tiefes Wasser ist für die Übungen geeignet, die ohne Bodenkontakt ablaufen. Flaches Wasser sollte möglichst bis zur Taille, besser noch bis zur Brust reichen. So wird der Rücken optimal gestützt und entlastet.

Neben der Tiefe ist die Beschaffenheit des Beckens von Bedeutung. Rutschige Fliesen oder rauer Zement sind ungeeignete Untergründe. Zwar kann man nicht stürzen und sich verletzen, aber das Ausrutschen stört den Übungsablauf. Alternative: Spezielle Schuhe sorgen dafür, dass die Fußsohlen geschützt sind und auf jedem Untergrund trainiert werden kann. Wenn nötig sollte im tiefen Wasser mit einer Auftriebshilfe gearbeitet werden. Dadurch lassen sich Abläufe, die eigentlich im Stehen geturnt werden, sozusagen in der Schwerelosigkeit hängend absolvieren.

Achten Sie auch darauf, ob es am Beckenrand Stangen gibt, an denen man sich festhalten kann. Diese sind für einige Übungen unerlässlich oder erleichtern sie ungemein. Ersatzweise kann auch eine Überlaufrinne genutzt werden, die sich innerhalb des Beckens befindet. Ist beides nicht vorhanden, muss auf einige Bewegungen verzichtet bzw. mithilfe der Geräte (zum Beispiel Poolnudel) gearbeitet werden. Ganz schlecht ist, sich mit den Armen am Beckenrand festzuklammern. Der Schulter- und Nackenbereich wird dadurch in eine ungünstige Haltung gezwungen, Muskelpartien verkrampfen.

Wassertemperatur

Wie schon erwähnt, muss die Wassertemperatur unter der Temperatur des Körperkerns liegen. Kein vernünftiger Mensch käme auf die Idee, im Thermalbad, das oft 38 Grad und mehr hat, gym-

nastische Übungen zu absolvieren. Das wäre für den Kreislauf eine unverantwortliche Belastung. Da man meist keinen Einfluss auf Wärme oder Kälte des Wassers hat, sollte man sich in den zur Verfügung stehenden Schwimmbädern danach erkundigen und die Wahl je nach geplantem Bewegungsprogramm treffen.

Drei Temperaturbereiche sind zu unterscheiden. In sehr kaltem Wasser, zwischen 21 und 25 Grad, dürfen nur extrem schnelle Einheiten geübt werden. Das Training sollte kurz aber intensiv sein. Es sind meist Leistungssportler, die hier gut aufgehoben sind. Der mittlere Bereich, zwischen 26 und 30 Grad, ist für die meisten Disziplinen optimal geeignet. Hier kann ein Wechsel zwischen schnellen und langsamen Übungen erfolgen, ohne dass der Körper zu sehr erhitzt oder auskühlt. Gerade beim Ausdauertraining ist es wichtig, dass man nicht zu frösteln beginnt. Findet man 26 Grad vor, sollten intensive Einheiten überwiegen. Muss man mit 30 Grad vorlieb nehmen, darf die Intensität nicht zu hoch gewählt werden. Hier sind langsamere, leichte Übungen ideal, die entsprechend öfter wiederholt werden. An anderer Stelle wurde gesagt, dass Aquafitness nur in bis zu 30 Grad warmem Wasser ausgeübt werden sollte. Trotzdem sei hier erwähnt, dass als dritter Temperaturbereich auch noch 32 bis zu 35 Grad warmes Wasser infrage kommt. Und zwar dann, wenn es sich ausschließlich um Entspannungsübungen handelt. Wenn Sie also ein Schwimmbad mit Becken unterschiedlicher Tempera-

Kalt oder warm?

Je dynamischer das Training ausfallen soll, desto kühler muss das Wasser sein. Umgekehrt ist warmes Wasser für langsame Bewegungen geeignet.

tur in Ihrer Nähe haben, genießen Sie ruhig erst die Trainingsintensität im kühleren und später das Relaxen im warmen Wasser.

Aquafitnesskurse

Einen Stretching-, Step- oder Fatburning-Kurs im Wasser zu buchen, hat viele Vorteile: In der Gruppe macht Sport vielen Menschen mehr Spaß als alleine, und es gibt ein Trainingsprogramm, bei dem man nur noch mitmachen muss. Vor allem braucht man sich auch nicht um die Rahmenbedingungen zu kümmern. Die Wassertiefe wird richtig gewählt sein, Geräte stehen bei Bedarf zur Verfügung, möglicherweise wird sogar mit Musik trainiert. Hat man sich einen persönlichen Übungsplan zurechtgelegt, sollte man sich mit seiner Umgebung vor dem Start vertraut machen. Einige Dinge kann man nicht ändern, aber es ist gut, darüber Bescheid zu wissen. Andere Gegebenheiten kann man durchaus beeinflussen bzw. auf sie reagieren.

Umgebungs-Check

- Ist Fachpersonal in der Nähe, das helfen kann, wenn man sich einmal nicht gut fühlen sollte?
- Klären Sie, wann das Schwimmbad besonders leer ist, und finden Sie heraus, wann möglicherweise Schwimmkurse oder -trainings durchgeführt werden. Bestimmen Sie danach Ihre Übungszeit.
- Es gibt Freibäder oder Außenbecken, die auch im Winter geöffnet sind. Sie eignen sich ausschließlich für Tiefwasser-Training, bei dem der Körper bis zur Brust im warmen Wasser steckt. Legen Sie einen Bademantel oder ein großes Handtuch in die Nähe des Ausstiegs, damit Sie sich sofort vor der Kälte schützen können. Das gilt übrigens auch für Hallenbäder mit kühler Lufttemperatur.
- Aquafitness bringt ins Schwitzen und macht durstig. Nehmen Sie sich stilles Wasser oder eine Fruchtschorle mit, damit Sie direkt nach dem Training etwas trinken können und nicht warten müssen, bis Sie zu Hause sind.

Der „Sportplatz“ Wasser

Training im Wasser – die unendliche Vielfalt

Wenn Sie mit einem passionierten Schwimmer über Aquafitness reden, wird der möglicherweise die Nase rümpfen. Es kann aber auch sein, dass er begeistert nickt, weil er es selbst in seinen Trainingsplan eingebaut hat. Das Argument „Schwimmen reicht doch – alles andere ist überflüssiger Schnickschnack“ stimmt nicht. So wie ein Langstreckenläufer an Land Gymnastik macht, um seine Bänder zu dehnen und Muskelkraft aufzubauen, kann ein Schwimmer Beweglichkeit, Ausdauer und Gleichgewichtssinn mit ein paar Übungen im Wasser stärken und verbessern. Hinzu kommt, dass viele Menschen als Kind von ihren Eltern schwimmen gelernt haben. Das heißt, sie haben gelernt, wie sie auch in tiefem Wasser vorankommen, ohne unterzugehen.
Mit ausgefeilter Schwimmtechnik hat das wenig zu tun. Die Folge ist, dass zum einen viel zu viel Kraft aufgewendet und ein Ausdauertraining deshalb gar nicht durchgehalten wird. Zum anderen werden nicht alle Muskelgruppen optimal angesprochen. Natürlich könnte man auch seine Schwimmtechnik verbessern. Dies ist, da man meistens bereits eine Routine entwickelt hat, allerdings oft schwierig. Einfacher ist es, eine oder mehrere Aquafitness-Techniken ganz neu zu erlernen. Zuletzt sei die Abwechslung genannt. Man kann nicht oft genug wiederholen, wie wichtig Spaß und Variantenreichtum sind, um dauerhaft regelmäßig Sport zu treiben. Nichts ist langweiliger als drei- oder viermal wöchentlich 20 Bahnen zu ziehen.

Aquastretching

Stretching polarisiert. Die einen halten es für gefährlichen und lästigen Unfug, die anderen meinen, ohne geht gar nichts. Fakt ist, dass es gut ist, die Beweglichkeit und Geschmeidigkeit des Körpers bis ins hohe Alter zu erhalten. Ohne spezielle Dehnübungen lassen diese jedoch schon ab dem Kindesalter nach. Im Wasser können Muskeln, Bänder und Sehnen besonders schonend gedehnt wer-

den. Wer möchte kann ausschließlich Stretching betreiben. Die meisten setzen es allerdings an den Anfang und das Ende eines Trainingsprogramms.

Jeder Mensch hat seinen ganz individuellen Knochen- und Muskelaufbau. Ziel der Übungen ist, sich einen optimalen Bewegungsspielraum zu erarbeiten und zu erhalten. Dabei muss jedoch auch die Funktion der Muskeln, Gelenkkapseln und Bänder, die Gelenke zu stabilisieren, berücksichtigt werden. Steht eine sehr dynamische Disziplin auf dem Programm, die eine hohe Schnellkraft erfordert, sollte das Stretching nur kurz ausfallen. Die Spannung der Muskeln, die für schnelle kraftvolle Bewegungen benötigt wird, lässt durch intensives Dehnen nämlich nach.

So gehts

Stretching ist Ganzkörpertraining. Beziehen Sie alle Muskelgruppen ein, vor allem die, die zur Verkürzung neigen. Das sind zum Beispiel Brust- und untere Rücken-, Hüft- und Wadenmuskulatur.

Dehnen Sie langsam und nur bis zur Schmerzgrenze. Niemals darüber hinaus! Halten Sie die Spannung etwa 20 Sekunden.

Der gedehnte Muskel soll entspannt sein. Mit gezieltem Ausatmen helfen Sie ihm. Oder atmen

Immer aufwärmen

Wichtig: Vor dem Dehnen unbedingt aufwärmen! Kalte Muskeln sollten nicht gestreckt werden. Außerdem darf Streching niemals als Leistungssport betrachtet werden. Es geht nicht darum, sich tiefer herunterzubeugen als alle anderen. Stretching ist kein Wettbewerb.

Sie wahlweise ruhig weiter. Niemals den Atem anhalten!
Ein häufiger Fehler ist, die Körperpartie durch Federn stärker dehnen zu wollen. Ruckartige Bewegungen haben beim Stretching nichts zu suchen. Der Wasserwiderstand ist hier hilfreich, denn er reduziert zumindest das ungute Rucken und schont Muskeln, Bänder und Gelenke.

Aquawalking/ Aquajogging

Beide Sportarten sind als „Trockenversionen" bestens bekannt und auch sehr verbreitet. Aquawalking wird wahlweise in hüfttiefem oder auch tieferem Wasser ausgeführt. Auf jeden Fall haben die Füße Bodenkontakt, sodass man regelrecht durch das Wasser spazieren kann. Das Tempo variiert je nach Fitnesszustand, geht aber nicht über zügiges Marschieren hinaus. Diese Bewegungsform ist ideal für Sporteinsteiger, ältere Personen, Menschen mit Übergewicht oder diejenigen, die nach einer Verletzung ihren Körper langsam wieder in Form bringen wollen. Walking im Wasser ist eine hervorragende Methode, um seine Ausdauer zu verbessern.

Aquajogging fasst die schnelleren Laufbewegungen zusammen, die im Wasser ausgeführt werden können. Vom gemütlichen Dauerlauf bis zum Rennen, wenn man das trotz der Bremse des Wasserwiderstands so nennen will. In Zeitschriften und Büchern taucht manchmal die Unterscheidung zwischen Aquajogging und -running auf. Die erste Bezeichnung steht dann meist für das Laufen in tiefem Wasser ohne Bodenkontakt. Running meint das schnelle Laufen in hüfttiefem Wasser. Beide Arten werden hier aber unter dem Begriff Jogging zusammengefasst.

Aquawalking – so gehts

Wählen Sie ein Schwimmbecken, das nicht tief abfällt bzw. ein ausreichend langes Stück in einheitlicher Wassertiefe anbietet. Die Höhe des Wasserstands hängt von Ihren Bedürfnissen ab. Je mehr vom Körper eintaucht desto größer der Widerstand und entsprechend die Anstrengung. Um die Gelenke ausreichend zu entlasten und den Rücken zu unterstützen, ist eine gut hüfthohe Wasserkante empfehlenswert. Ist das Wasser zu tief, verliert man leicht die Balance. Eine Tiefe zwischen 1,20 und 1,30 Meter ist ideal.

Walken Sie regelmäßig. Mindestens zwei- besser noch dreimal wöchentlich sollten Sie 30 bis 45 Minuten dafür einplanen.
Die Technik ist einfach: Halten Sie sich aufrecht, rollen Sie die Füße jeweils über die gesamte Fußsohle ab, winkeln Sie die Arme seitlich am Körper an und schwingen sie gegengleich mit.

Aquajogging – so gehts

Beim Laufen mit Bodenkontakt gelten bezüglich der Wassertiefe die gleichen Regeln wie beim Aquawalking. Der Fuß wird nicht abgerollt. Gelaufen wird ausschließlich auf den Ballen.

Nicht zu weit vorbeugen

Gerade anfangs passiert es leicht, dass die Vorneigung des Körpers zu stark ausgeführt wird. Das vereinfacht natürlich das Üben, weil der Widerstand sinkt und damit gleichzeitig die Effektivität der Übung verringert. Es ist deshalb darauf zu achten, dass aus Aquajogging nicht plötzlich eine ganz normale Schwimmbewegung wird.

Kürzere Schritte als bei der Variante an Land sind üblich. Jeder Schritt dauert aber durchschnittlich doppelt so lang wie auf dem Trockenen. Die Arme können entweder seitlich angewinkelt gegengleich aktiv mitgeführt werden oder sie werden aus dieser Haltung so gedreht, dass die Handflächen nach unten zeigen. Der Arm, der nach vorn geht ist über der Wasseroberfläche, der andere wird unter dem Wasser mit rückwärts gerichteter Handfläche nach hinten gedrückt. Diese Variation nennt sich dann Schöpfarmbewegung und erinnert an die Kraulbewegung beim Schwimmen.
Beim Laufen ohne Bodenkontakt wird eine spezielle Weste (Wet

Vest) oder ein Gürtel benötigt. Der Oberkörper ist leicht nach vorn gebeugt. Die Schultern bleiben möglichst ruhig. Die Armbewegung entspricht exakt der des „Trocken-Joggens", muss aber natürlich gegen den Widerstand des Wassers kräftiger ausgeführt werden. Gerade für Anfänger eignet sich beim Aquajogging im Tiefwasser die Brustschwimmbewegung mit den Armen, da man mit dieser das Gleichgewicht besser halten kann.

Konditionsprobleme

Achtung: Besonders Anfänger sollten die eine oder andere Wiederholung auslassen, wenn ihre Kondition nicht das volle Programm zulässt. Wer kleine Bewegungen macht, ist schneller und kann besser mithalten.

Aquarobic/Aquastep

Die Aerobicwelle ist wohl an niemandem spurlos vorübergegangen. Bewegungen, die in mittlerem bis schnellem Tempo ausgeführt und mehrmals hintereinander wiederholt werden, bringen auch im Wasser in Schwung. Wassergymnastik klingt zwar wesentlich altbackener als Aquarobic. Der Unterschied ist im Grunde aber nur, dass Aerobic mit Musik begleitet und mit einigen Tanzschritten aufgewertet wird, was den Spaßfaktor und damit die Motivation erhöht. Beim Aquastep kommt ein Stepper hinzu, der fest auf dem Boden des Beckens steht. Beide Varianten sind hervorragend für die Ausdauer. Aquastep trainiert in erster Linie Beine und Po. Durch das Erlernen von raschen Schrittkombinationen werden außerdem Koordinations- und Konzentrationsfähigkeit geschult.

Beim Aquarobic steigern spezielle Handschuhe mit Schwimmhäuten, „Mitts" genannt, den Wasserwiderstand und erhöhen damit den Trainingseffekt für Arme und Schultern. Werden die beiden Disziplinen Aquarobic und Aquastep an Land ausgeführt, besteht die Gefahr der Überlastung, weil man mit der Gruppe mithalten möchte. Gerade beim Step werden die Gelenke erheblich belastet. Im Wasser werden die Gelenke von vornherein geschont. Selbst, wenn man sich mal etwas überfordert, weil man nicht zurückstehen und alle Übungen mitmachen möchte, werden dadurch kaum Schäden verursacht.

So gehts

Die Gymnastikübungen und Schritte werden zum Takt sehr dynamischer Musik nach Anleitung ausgeführt. Vorher ist Aufwärmen angesagt. Zum Aquastep werden spezielle Schuhe mit rutschfreien Sohlen verwendet.

Aquapower

Bei dieser Bewegungsart geht es darum, seine Ausdauer und seine Kraft zu verbessern. Das heißt, Anfänger sollten sich nicht für einen solchen Kurs anmelden. Wer jedoch bereits eine gewisse Grundkondition erworben hat und etwas für seine Figur und seine Fitness tun möchte, der ist hier richtig. Denn das kraftvolle Workout rückt Fettgewebe zu Leibe, baut Muskeln auf und festigt das Bindegewebe. Das Kraft- und Ausdauertraining, auch Hydro-Power genannt, wird sowohl im flachen als auch im tiefen Wasser durchgeführt. Sehr gern werden Geräte wie Hanteln und Handschuhe benutzt, um den Widerstand und damit die Anstrengung zu erhöhen. Aquapower ist ein Ganzkörperprogramm, das die besten Resultate für Arme, Schulter, Bauch und Rücken erzielt.

So gehts

Die einzelnen Übungen werden kraftvoll und sehr dynamisch ausgeführt. Sie werden 15- bis 30-mal wiederholt. Dann gibt es eine Pause bzw. eine leichte Zwischenbewegung, die den Muskeln erlaubt, sich zu entspannen. Anschließend folgt der nächste Satz mit 15 bis 30 Wiederholungen. Je Übung sind fünf Sätze üblich.

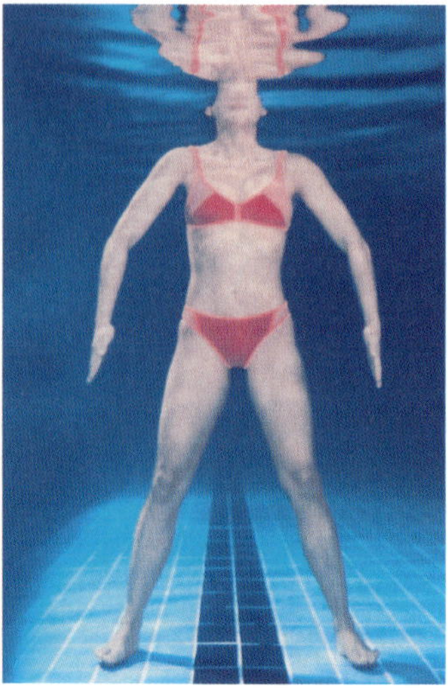

Aqua-Fatburning

Viele Menschen – Männer wie Frauen – sind mit ihrer Figur unzufrieden. Auch diejenigen, die keine überflüssigen Fettpölsterchen haben, möchten gern knackiger und sportlicher aussehen, mit strafferer Haut und mehr Muskeln. Der Schlüssel zum Erfolg heißt Fatburning. Die Steigerung davon ist Aqua-Fatburning. Dahinter stecken Programme, die vor allem eins berücksichtigen: Maß halten! Wer sich überanstrengt, kurbelt die Verbrennung von Glukose in gleichem oder sogar höherem Maße an als die Fettverbrennung. Beim Ausdauersport, wo der durchschnittliche Puls in etwa 60 bis 70 % der maximalen Herzfrequenz betragen sollte, wird 70 bis 80 % Fett und 20 bis 30 % Glukose verbrannt. Aus diesem Grund wird stets empfohlen, lieber lang und mit schwacher Intensität zu trainieren. Aber: Je intensiver die Belastung desto höher der Energieverbrauch. Auch wenn nur 50 % Fett und 50 % Glukose verbrannt werden, kann dieser Fettanteil insgesamt eine größere Menge ausmachen, wie wenn bei einem niedrigeren Totalverbrauch 80 % Fett verbrannt worden sind.

So funktionierts

Bewegung bildet Muskeln. Bewegung gegen den Wasserwiderstand treibt die Muskelbildung noch schneller voran. Muskeln helfen nicht nur bei der Leistungssteigerung, sie verbrauchen auch im Ruhezustand mehr Energie als Fettgewebe. Das bedeutet, der Energieverbrauch des Organismus wird durch mehr Muskeln dauerhaft erhöht.

Durch Essen wird dem Körper Energie zugeführt. Wird diese nicht benötigt, verwandelt sie sich – vereinfacht gesagt – in Fett, das sich in den Zellen festsetzt. Bewegung verbraucht Energie und verhindert so das Ansetzen neuer Polster.

Im Wasser läuft der Stoffwechsel ohnehin schon auf Hochtouren, um den Verlust der Körperwärme auszugleichen. Selbst ohne Bewegung wird also Energie verbraucht. Und: Jede Bewegung ist anstrengender als an Land. So steigt der Energieverbrauch noch einmal beachtlich an.

Die Fettverbrennung setzt erst nach rund 20 Minuten ein. Ein kürzeres Programm bringt daher keinen Erfolg.

Die Energiebilanz muss immer negativ ausfallen, wenn Sie Fett verlieren wollen. Das heißt: mehrmals wöchentlich 30 bis 45 Minuten im Wasser bewegen plus Kalorienzufuhr senken.

Aquadancing

Bei dieser Form der Aquafitness steht der Spaß am Tanzen im Vordergrund. Während man auf dem Trockenen leicht herumwirbeln sowie schnelle Drehungen und Schritte ausführen kann, bremst das Wasser den Schwung aus. Gleichzeitig wächst natürlich die Wirkung und die Koordination sowie der Gleichgewichtssinn werden gefördert. Aquadancing, auch als Aquarhythmic bekannt, ist eng mit Aquarobic verwandt. Im Gegensatz dazu ist hierbei allerdings ein spielerischer Umgang mit dem Körper erlaubt, statt dem exakten Nachturnen von Bewegungsabläufen. Im Rhythmus die Hüften schwingen, hüpfen, Arme und Beine schütteln ist ein ideales Aufwärmtraining, das die Laune hebt und auf andere Disziplinen einstimmt.

Aquaball

Wasserball ist eine äußerst schweißtreibende Sportart für gute Schwimmer, die Lust auf Ballsport haben. Es treten zwei Mannschaften gegeneinander an, wobei es darum geht, den Ball in das gegnerische Tor zu werfen. Eine große Schwierigkeit dabei ist, dass das Spiel im tiefen Wasser stattfindet, sodass die Teilnehmer ständig in Bewegung sein müssen, um sich an der Oberfläche zu halten. Schnelles Schwimmen, um sich in Ballbesitz zu bringen, häufige Richtungswechsel und das Ringen mit dem Gegner kosten sehr viel Kraft. Aquaball, bei dem man hingegen festen Boden unter den Füßen hat, ist die vereinfachte Variante von Wasserball, die auch für Einsteiger geeignet ist. Diese Disziplin ist allen zu empfehlen, die vor allem Spaß an Mannschaftssportarten haben und sich gern bewegen.

So gehts

Zwei Mannschaften zu je vier Personen spielen in einem etwa acht mal zwölf Meter großen Feld. Ziel ist es, einen Ball in das gegnerische Tor zu bringen. Die Wassertiefe sollte ca. 1,30 m betragen, damit die Spieler stehen und sich zwischendurch ausruhen können. Auch ist es leichter, den Ball unter Kontrolle zu halten.

Aquaboxing

In den Fitnessstudios hat sich ein Trend durchgesetzt, bei dem Elemente aus verschiedenen Kampfsportarten ins Fitnesstraining integriert werden. Tritte und Schläge werden entweder gegen einen Gegner, der mit entsprechender Sicherheitsbekleidung ausgerüstet ist, ausgeführt oder man übt mit Sandsäcken. Außerdem kann man die kraftvollen Bewegungen auch einfach in die Luft setzen. Durch das schnelle Durchstrecken von Ellenbogen und Knien sind diese Gelenkgruppen gefährdet. Im Wasser wird die Energie, die auf die Gelenke wirkt, abgeschwächt, das Verletzungsrisiko nahezu ausgeschlossen. Aquaboxing, manchmal auch als Aquadrill bezeichnet, ist ein intensives Kraftausdauertraining für den gesamten Körper, vor allem, wenn es im brusttiefen Wasser ausgeführt wird. Es schult gleichzeitig den Gleichgewichts- und Koordinationssinn sowie die Beweglichkeit und stärkt das Herz-Kreislauf-System. Da der Sport sehr anstrengend ist, sollte bereits eine Grundkondition vorhanden sein. Besonders für Menschen, die Stress abbauen und sich austoben wollen, ist diese Variante des Aquafitness sehr geeignet.

Aqua-Relax

Stress und Hektik greifen nicht nur die Seele an. Sie verursachen auch Muskelverspannungen und andere körperliche Beschwerden bis hin zu chronischen Leiden. Kopfschmerzen können zum Beispiel Folge solcher Verspannun-

gen sein. Entspannungstherapien gibt es viele. Besonders leicht lässt sich physischer und psychischer Druck im Wasser abbauen. Ob Relaxing, Balancing oder Shiatsu, alle Kurse werden inzwischen in Bädern angeboten. Und alle Kurse nutzen die Vorteile der Schwerelosigkeit.

So gehts

Elemente aus Massage, Stretching und Atemübungen werden kombiniert. Man kann paarweise oder alleine relaxen. Zu Beginn ruht der Körper auf Schwimmhilfen. Er wird leicht bewegt und gedehnt oder auch massiert. Muskelverspannungen lösen sich, sodass schnell ein Gefühl tiefer Ruhe und Entspannung eintritt. Es kommen auch Abläufe unter der Wasseroberfläche vor. Dabei führt der Körper langsame Roll- und Kreiselbewegungen aus.

Aqua-Relax findet normalerweise in 32 bis 35 Grad warmem Wasser statt. Sie können es auch als Abschlusseinheit hinter Ihr dynamisches Training setzen. Dann sollte es allerdings nur eine kurze

Entspannungsphase sein, damit der Körper nicht auskühlt. Anschließend sofort in ein dickes Badetuch oder den Bademantel wickeln und sich in einer ruhigen Umgebung ausruhen! In einigen Freizeitbädern wird das „Baden mit Licht und Musik" (Liquid Sound) angeboten. Dahinter verbirgt sich ein herrliches Entspannungsprogramm, das gleichzeitig ein Erlebnis für die Sinne liefert. Schwimmhilfen sorgen dabei dafür, dass der Körper im Wasser schwebt. Das Becken wird nun mit sanft pulsierendem oder langsam wechselndem farbigen Licht bestrahlt. Das Besondere: Sowohl über als auch unter dem Wasser erklingt Musik. Selbst, wenn der Nacken völlig entspannt, der Kopf also zurücksinkt, sodass die Ohren unter Wasser tauchen, kann man weiter die sanften Klänge hören. Dieser „flüssige Klang" wird intensiv wahrgenommen und fördert die Entspannung.

Bevor es ins Wasser geht

Ausrüstung und Zubehör

Ein Vorteil an Fitnesstraining im Wasser ist, dass keine kostenintensiven Anschaffungen getätigt werden müssen. Meist benötigt man nur Badehose bzw. Badeanzug und Handtuch. Allerdings kommen manche Übungen nicht ganz ohne Hilfsmittel aus. So braucht man beim Laufen im flachen Wasser zum Beispiel Schuhe, joggen im tiefen Wasser kann man nur mithilfe eines Schwimmgürtels. Bevor man aber einkaufen geht, sollte man genau wissen, was benötigt wird.

Kleidung

Mit dem Outfit ist es wie bei anderen Sportarten: Ein teures Dress macht zwar mehr her, der gute alte Trainingsanzug tut es

Aquafitness-Bekleidung

Perfekter Sitz: Badehose und Badeanzug dürfen vor allem bei dynamischen Disziplinen nicht rutschen.

Langlebigkeit: Es gibt Materialien mit erhöhter Widerstandskraft gegenüber Chlorwasser. Sie halten bis zu 40-mal länger als gewöhnliche Produkte.

Thermoeffekt: Wenn Sie sich für eine langsame bzw. mittelmäßig intensive Disziplin entscheiden, aber nur in relativ kaltem Wasser trainieren können, sind Schwimmanzüge mit Neopren hilfreich.

Badeschuhe: Sie gehören unbedingt in die Sporttasche, aus hygienischen Gründen und auch damit der Weg zum Becken rutschfrei bleibt.

Schuhwerk: Für einige Disziplinen benötigen Sie Wasserschuhe. Sie sollten immer eine rutschfeste Sohle haben. Außerdem gibt es Exemplare, die atmungsaktiv sind und besonders schnell trocknen.

aber genauso. So ist es auch, wenn Sie zum Trainieren ins Wasser steigen. Im schicken neuen Badeanzug oder in der neuen Badehose macht man zwar – vielleicht – eine bessere Figur, die alte Badebekleidung kann aber meist noch verwendet werden. Allerdings sollte die Bekleidung bei Aquafitness bestimmte Kriterien erfüllen.

Hantel & Co.

Sie fanden es bisher langweilig, im Fitnessstudio Hanteln zu stemmen? Keine Sorge, im Wasser hat man mit Hanteln und Co. viel mehr Spaß. Es geht vor allem nicht nur um einfaches Heben und Senken. Jede Bewegung, die mit einem Trainingsgerät ausgeführt wird, bringt zusätzlichen Nutzen, weil durch den Wasserwiderstand der Schwierigkeitsgrad erhöht wird. Die meisten Hilfsmittel sind relativ kostengünstig. Preisbewusste sollten sich, wenn sie einen Kurs buchen wollen, trotzdem erkundigen, ob Leihmaterial zur Verfügung steht. Nachfragen lohnt sich übrigens auch für Individual-Sportler, die es ohne Anleitung versuchen wollen. Manchmal wird das Material auch ohne die Teilnahme an einem Kurs verliehen. Der Vorteil: Man kann in Ruhe ausprobieren, ob die gewählte Disziplin die richtige ist. Bleibt man dabei und trainiert regelmäßig, kann man sich später eigene Geräte anschaffen.

Der Stepper

Der Stepper gehört zu den kostspieligeren Produkten. Es handelt sich um eine einzelne Treppenstufe aus Kunststoff, die aufgrund ihres Eigengewichts und auf der Unterseite befindlicher Saugnäpfe auf dem Beckenboden steht. Achten Sie unbedingt auf eine robuste Qualität. Der Spaß ist schnell vorbei, wenn schon beim Transport eine Ecke abplatzt. Es sollte auch sichergestellt sein, dass das Material von Chlorwasser nicht beschädigt wird. Außerdem ist wichtig, dass die Saugnäpfe die Kraft haben, den Stepper auch dann noch am Boden zu halten, wenn man mal unsanft dagegen tritt. Da der Auftrieb immer stärker wird, je tiefer das Wasser ist, sollte man sich beim Kauf nach der Tiefe erkundigen, für die das Gerät geeignet ist. Die Oberfläche sollte rutschfrei sein. Dieser Aspekt ist aber zu vernachlässigen, wenn Schuhe mit Anti-Rutsch-Sohle getragen werden. Stepper gibt es in verschiedenen Höhen und auch höhenverstellbar. Letzteres ist zwar die teure Variante, lässt aber auch mehr Übungsmöglichkeiten zu. Außerdem können zwei unterschiedlich große Personen damit abwechselnd trainieren. Schließlich kann man noch prüfen, ob Teile erkennbar sind, die rosten könnten.

Der Aqua-Gürtel

Der Aqua-Gürtel, auch als Auftriebsgürtel im Handel erhältlich, ist ein sinnvolles Hilfsmittel beim Tiefwasserjogging. Er soll den Körper in aufrechter Position halten und vor dem Untergehen bewahren.

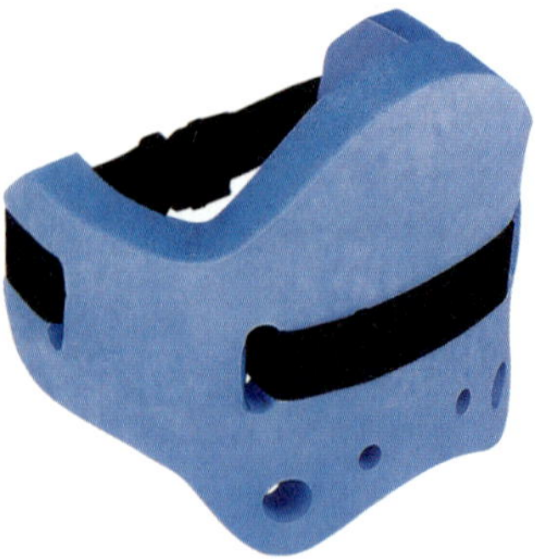

Der Markt bietet die verschiedensten Modelle für jeden Geldbeutel. Sie sind alle aus weichem Schaumstoff, der sich an die Körperform anpasst. Breitere Modelle stützen den Rücken besonders gut und fördern die richtige Haltung. Über die Art des Schaums sollte man sich gründlich informieren, da die Materialien auch auf nackter Haut gut tragbar sein sollten. Ebenfalls ist zu bedenken, dass sehr poröse Produkte auch nach gründlichem Abspülen unter Umständen noch Keime enthalten. Für eine bestmögliche Hygiene sind Modelle entwickelt worden, die mit PVC überzogen sind. Es ist unbedingt empfehlenswert, den Gürtel vor dem Kauf zu probieren. Nur weil die Taillengröße stimmt, ist noch kein Tragekomfort gesichert. Den kann man nur überprüfen, indem man den Gürtel anlegt. Achten Sie darauf, dass die Verschlüsse leicht zu bedienen sind und fest schließen. Sie sollten sich auch unkompliziert öffnen lassen. Das Wichtigste zum Schluss: Je nach Materialstärke und -zusammensetzung funktionieren Aqua-Gürtel nur bis zu einer bestimmten Gewichtsklasse. Man sollte sich daher unbedingt vor der Entscheidung erkundigen, ob das gewählte Produkt für das eigene Körpergewicht geeignet ist.

Die Wet Vest

Die Weste ist die Alternative zum Gürtel. Sie ist als einteiliger Schwimmanzug oder als größenverstellbare Weste mit Klettverschlüssen erhältlich. Die Auftriebskörper sind jeweils gleichmäßig verteilt, was zu einer optimalen Haltung führt und hohen Tragekomfort garantiert. Wichtig ist natürlich die genaue Passform, damit zum Beispiel die Arme uneingeschränkt bewegt werden können. Auch die Atmung muss ungestört fließen. Zu enge Westen sind unbedingt zu vermeiden. Der Vorteil gegenüber dem Gürtel ist die höhere Stabilität und die besonders gute Unterstützung der Wirbelsäule. Dafür ist die Wet Vest aber auch deutlich teurer. Sie lohnt sich für Menschen, die sich dauerhaft für Aquafitness entschieden haben und möglicherweise noch andere Wassersportarten wie Surfen, Segeln, Wasserski oder Kajak betreiben.

Die Aqua-Hantel

Mit Aquahanteln trainiert man die Muskeln der Arme, der Schultern und des Brustbereichs. Wie bei den üblichen Kurzhanteln auch gibt es sie in verschiedenen Gewichtsklassen und damit entsprechend in verschiedenen Schwierigkeitsstufen.

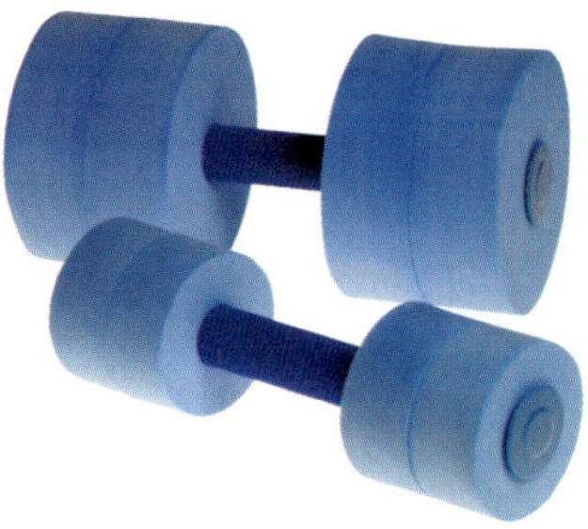

Es empfiehlt sich, mit leichten Exemplaren zu beginnen und sich nach und nach zu steigern. Je nachdem, was mit den Hanteln gemacht werden soll, bieten sich solche mit ergonomischen Griffen und vor allem mit Haltebändern an. Öffnet man kurz die Hand, treibt die Hantel nicht gleich weg und lenkt vom Trainingsablauf ab. Bei einigen Bewegungsabläufen kann die Hand sogar gewollt geöffnet werden, wie zum Beispiel beim Nordic Walking: Die Hand, die gerade nach hinten schiebt, öffnet sich. Sie greift dann erst wieder nach dem Stock, wenn sie nach vorne zieht. Mit Hanteln, die ein Halteband haben, kann man die Stärkung des Oberkörpers während des Aquawalkings oder Aquajoggings optimal unterstützen.

Andere Ausführungen der Aquahanteln sind innen hohl. Man kann sie für einen neutralen Auftrieb mit Wasser, für einen starken Auftrieb mit Luft füllen. Außerdem gibt es Exemplare, die von der üblichen Hantelform abweichen. Hierbei handelt es sich nicht um einen Stab, an dessen Enden die Gewichte sitzen, sondern um ein Gebilde, in das man hineingreift. Es ist nur an der Eingriffseite geöffnet, die anderen Seiten haben

lediglich Schlitze, durch die das Wasser strömen kann. Eine solche Hantel bietet sich an, wenn man mit möglichst hohem Wasserwiderstand arbeiten möchte. Neben der Kurzhantel gibt es natürlich auch die Langhantel für Aquafitness. Sie eignet sich nicht nur als Sportgerät, sondern auch als Auftriebshilfe. Deshalb kommt sie sowohl während des Kraftausdauertrainings als auch beim Entspannen zum Einsatz.

Die Aqua-Disk

Die Aqua-Disk ist ein vielseitig einsetzbares Trainingsgerät. Es handelt sich hierbei um eine Scheibe von etwa 25 cm Durchmesser. Sehr praktisch sind die große Griffmulde für die Finger und das kleine Loch für den Daumen.

Die Scheiben aus stabilem PE-Schaum lassen sich dadurch perfekt greifen und rutschen nicht weg. Sie können im Wasser geschoben, gestemmt oder gezogen werden und erhöhen den Widerstand erheblich.

Das Schwimmbrett

Schwimmbretter sind preiswerte Trainingsgeräte mit zahlreichen Einsatzmöglichkeiten. Es gibt sie mit seitlichen Griffmulden oder Grifflöchern.
Die Größe hängt von der eigenen Größe und vom Körpergewicht ab. Hier sollte man sich beraten lassen. Ansonsten ist beim Kauf nicht viel zu beachten. Eine besonders raffinierte Variante ist zweiteilig. Liegt das Brett waagerecht an der Oberfläche, ragt ein spezieller Einsatz senkrecht ins Wasser. Er sorgt für Widerstand, wenn man das Brett zieht, schiebt, oder es zum Schwimmtraining nutzt.

Die Poolnudel

Eines der bekanntesten Aquafitness-Geräte ist die Pool- oder Aquanudel. Der meist sieben Zentimeter dicke Stab aus biegsamem, weichem PE-Schaum ist in verschiedenen Längen erhältlich. Die Auftriebskraft der Poolnudel beträgt ca. fünf bis sechs Kilo. Das Trainingsprogramm mit der Poolnudel lässt sich je nach Bedarf sehr variabel gestalten.

Man kann sich die Nudel um den Körper legen und als Auftriebshilfe verwenden oder damit verschiedene gymnastische Übungen durchführen. Die zentralen Eigenschaften dieses Aquafitnessgeräts, bedingt durch den Auftrieb, sind Bewegungsförderung, Bewegungsunterstützung und Bewegungswiderstand. Auch für Partnerübungen ist die Poolnudel gut geeignet. Wollen mehrere Personen miteinander trainieren, können sie durch das Verbinden mehrerer Poolnudeln mithilfe verschiedener Verbindungsstücke ein großes Trainingsgerät zusammenstellen. Zum Relaxing hat sich eine spezielle Ausführung dieses Aquafitnessgeräts bewährt, die extra darauf ausgelegt ist, einen erwachsenen Menschen im Schwebezustand zu halten. Diese spezielle Aquanudel ist besonders weich und flexibel und kann mithilfe eines Gurtes am Körper fixiert werden. So bleiben die Arme frei, der Schulterbereich kann sich optimal entspannen.

Der Aqua-Handschuh

Man verwendet Aqua-Handschuhe in erster Linie, um den Zwischenraum zwischen den Fingern zu schließen und die Hand zu einer tellerartigen Fläche werden zu lassen. Damit erhöht sich der Widerstand, die Übung gewinnt an Effektivität. Einige Modelle sind aus beschichtetem Neopren. Wichtig für einen optimalen Halt ist, dass der Verschluss stufenlos

verstellbar ist. Klettverschlüsse sind hierfür ein sehr praktisches und gutes Mittel. Eine andere Variante ist der Handschuh aus Silikon. Er ist besonders weich und flexibel und schmiegt sich an die Haut an.

Außerdem gibt es noch kleine Schaumstoffgeräte, die eine Kombination aus Handschuh und Hantel darstellen. Sie eignen sich sehr gut zum Boxen und für diverse gymnastische Übungen. Die kleinen flexiblen Bretter haben zwei Öffnungen. Durch die erste wird die Hand geschoben. Die Finger greifen dann in die zweite und biegen damit das Brett so, dass sein Rand parallel über den Knöcheln steht. Beim Boxen wird der Rand somit automatisch zur Schlagfläche.

Die Mini-Fins und Power-Boots

Mini-Fins und Power-Boots erhöhen den Wasserwiderstand und sorgen damit für ein anstrengen-

des und intensives Training. Mini-Fins sind feste Kunststoffstreifen mit flügelartig abstehenden Seitenpartien. Sie werden oberhalb des Fuß- bzw. Handgelenks befestigt und erschweren jeden Schritt. Wasserwiderstandsschuhe (so genannte Aqua- oder Power-Boots) erinnern von hinten ein wenig an Skischuhe, da der gesamte Fuß und die Wade eingeschlossen sind. An beiden Seiten ragen kleine Flügel ins Wasser. Der Vorteil der Mini-Fins ist jedoch, dass man sie auch an den Handgelenken befestigen und so auf unterschiedliche Weise nutzen kann.

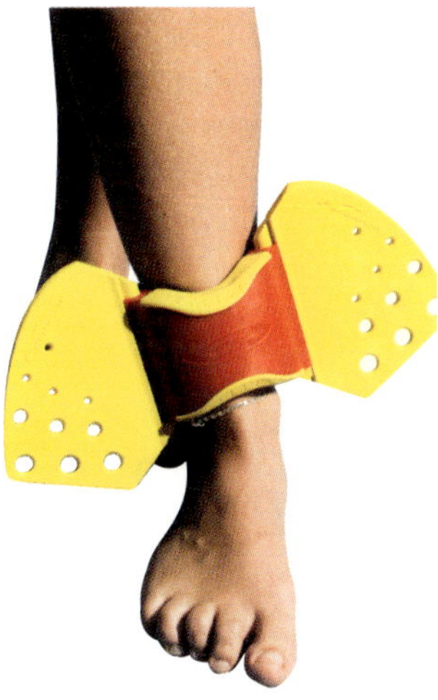

Der Schwimmkragen

Der Schwimmkragen ist nicht nur für unsichere Schwimmer hilfreich. Auch beim Aqua-Relaxing leistet er gute Dienste, da er Mund und Nase über der Wasseroberfläche hält, während der Körper in bequemer Rückenlage schwebt.

Es ist unbedingt darauf zu achten, dass es sich um hautfreundliches Material handelt. Gerade am Hals und Gesicht sind viele Menschen besonders empfindlich. Außerdem muss die Halsweite für optimalen Tragekomfort exakt gemessen werden. Es gibt Krägen aus PE-Schaum oder solche, die mit Luft gefüllt werden. Sie dienen auch als Auftriebshilfe, sodass sie teilweise sogar beim Joggen im tiefen Wasser zum Einsatz kommen.

Der Beinschwimmer

Wem die Wet Vest zu groß oder zu unbequem, ein breiter Aqua-Gürtel aber unangenehm ist, kann als Auftriebshilfe eine Kombination aus schmalem Gürtel und Beinschwimmern (auch Aqua-Feet genannt) ausprobieren. Die Beinschwimmer werden von vorn über die Waden geschoben und mit Gurten fixiert. Wichtig ist, dass sich die Beinschwimmer an der Vorderseite verschließen lassen, was das Anlegen erheblich erleichtert. Es sollte außerdem darauf geachtet werden, dass das Material hautfreundlich ist und die Gurte nicht einschneiden. Die Beinschwimmer sind eigentlich für den Einsatz im tiefen Wasser gedacht. Werden sie im brusttiefen Wasser verwendet, haben sie nur den Effekt, dass der Wasserwiderstand erhöht wird.

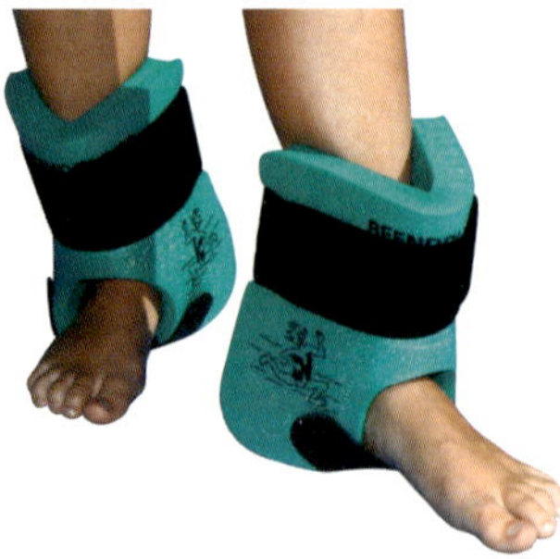

Los gehts – die Übungen

Übungsanleitungen für Aquafitness

Sie haben nun eine Fülle von Informationen über die Eigenschaften des Wassers, verschiedene Trainingsarten und Bekleidung sowie Fitnessgeräte erfahren. Wahrscheinlich können Sie es schon gar nicht mehr abwarten, endlich ins Wasser zu gehen und mit den ersten Übungen zu beginnen. In den folgenden Kapiteln erhalten Sie praktische Anleitungen, die Sie, vorausgesetzt Sie haben den richtigen Trainingsort schon gefunden, direkt ausprobieren können.

Übungen an Land

Viele der Bewegungsabläufe können auch an Land ausgeführt werden. Bevor es richtig losgeht, sollte man jede Übung einige Male auf dem Trockenen ausprobieren. Dabei geht es nicht darum, sich bereits körperlich zu verausgaben, um erste Trainingserfolge zu verbuchen. Diese Vorbereitung dient lediglich dem Einprägen der Abläufe. Denn dieses Buch können Sie nicht mit ins Wasser nehmen.

Trainingsplan

So sieht der ideale Trainingsablauf aus:

1. Aufwärmen zehn bis 15 Minuten
2. Dehnen fünf Minuten
3. Übungen für Ausdauer, Kraft oder andere spezielle Trainingsziele 20 bis 30 Minuten
4. Entspannung zehn Minuten

Vorbereitung

Wie schon erwähnt, ist das Aufwärmen immer die erste Trainingsphase, erst danach wird gedehnt. Dann folgt das Programm, das auf die persönlichen Bedürfnisse abgestimmt ist. Zum Abschluss sollte dem Körper Ruhe und Entspannung gegönnt werden. Stellen Sie sich Ihren individuellen Plan zusammen. Alle acht bis zwölf Wochen sollte man einige Übungen durch neue ersetzen. Tritt Langeweile ein, ist die Gefahr am größten, dass das Training immer öfter ausfällt und man schließlich ganz damit aufhört.

Aufwärmen

Wenn von Aufwärmtraining oder Warm-up die Rede ist, dann geht es eigentlich um viel mehr. Natürlich soll die „Betriebstemperatur" des eigenen Körpers und vor allem des Bewegungsapparates erhöht werden. Zusätzliches Ziel des Aufwärmens ist es aber auch, die Herzfrequenz und die Atemgeschwindigkeit allmählich zu steigern. Passives Aufwärmen im heißen Bad, unter der Dusche oder in der Sauna ist als Einstieg in das Aquafitness-Programm deshalb ungeeignet. Einen Gang in den Schwitzraum sollte man sich lieber für das anschließende Entspannen aufheben. Der Organismus soll beim Warm-up aktiv auf die Leistung vorbereitet werden, die ihm abverlangt wird. Das kann an Land oder schon im Wasser passieren. Wer schon sein Warm-up ins Wasser verlegt, hat den Vorteil, dass er sich an Temperatur, Widerstand und Auftrieb gewöhnt. Vergessen Sie nicht: Das Wasser ist nicht des Menschen Element!

Springen und hüpfen

Gut geeignet, um in Schwung zu kommen, sind einfache Hüpf- oder Laufübungen.

Sprünge: Vollziehen Sie 15 bis 20 Schlusssprünge, also springen Sie gleichzeitig mit beiden Beinen, während die Füße geschlossen nebeneinander gehalten werden, in einem Tempo, das Ihnen erlaubt, sich mit einem Sportskollegen zu unterhalten. Steigern Sie dann das Tempo bis zu Ihrem persönlichen Maximum. Das ist erreicht, wenn Sie außer Atem geraten bzw. Ihren Maximalpuls erreichen. Anschließend wieder langsam hüpfen. Jeweils dreimal langsam und dreimal schnell springen.

Schrittkombinationen: Lange Schritte mit einem Fuß nach vorn, nach hinten oder zur Seite, regen den Kreislauf in kurzer Zeit an, wenn sie kraftvoll und schnell durchgeführt werden. Beginnen Sie mit dem rechten Fuß. Setzen Sie ihn weit nach vorne, sodass das linke Knie dem Boden näher kommt. Einmal federn und den rechten Fuß dann wieder zurückziehen und neben den linken stellen. Jetzt mit dem linken Fuß einen Ausfallschritt nach vorn, federn und wieder zurückziehen. Wiederholen Sie, bis beide Füße jeweils zehn Schritte gemacht haben. Dann das Ganze nach hinten. Dabei wird der rechte Fuß so weit nach hinten gesetzt, dass er für einen kurzen Moment vollständig – auch die Ferse – den Boden berührt. Das linke Knie ist leicht gebeugt. Den Fuß wieder in die Ausgangsposition stellen und mit der linken Seite üben. Führen Sie wieder zehn Wechsel aus. Nun folgen Ausfallschritte zur Seite. Der rechte Fuß wird weit nach rechts gesetzt, das rechte Knie gebeugt, das linke Bein gestreckt. Den rechten Fuß wieder in die Ausgangsposition bringen und den linken Fuß weit nach links setzen. Dabei ist das linke Knie gebeugt und das rechte Bein gestreckt.

Jeweils im Wechsel zehn Wiederholungen. Zum Abschluss dieser Aufwärmübung beginnen Sie mit einem Ausfallschritt rechts nach vorn, anschließend links nach vorn, dann rechts zur Seite und schließlich links zur Seite. Diese Kombination wird mehrmals möglichst schnell wiederholt. Das bringt den Kreislauf auf Trab und schult die Koordination.

Hampelmann: Anfänger sollten diese Aufwärmlektion in maximal hüfttiefem Wasser ausführen. Stellen Sie sich mit geschlossenen Füßen aufrecht hin. Die Arme sind waagerecht zur Seite gestreckt. Nun springen Sie in die Grätsche und klatschen gleichzeitig über dem Kopf mit den Handflächen zusammen. Wieder in die Ausgangsposition hüpfen und dann zehn- bis 15-mal wiederholen.

Gehen und laufen

Auch gehen und laufen kann hervorragend zum Aufwärmen dienen, da hier viele Muskelgruppen einbezogen werden. Voraussetzung ist allerdings, dass der Armeinsatz nicht vernachlässigt wird. Am besten unterstützen Sie ihn durch den Gebrauch von Hanteln.

Walking: Schreiten Sie lang und kräftig aus, die Arme schwingen an der Körperseite gegengleich aktiv mit. Auf diese Weise fünf bis 15 Minuten marschieren, je nachdem, ob Sie sich ausschließlich mit Walken aufwärmen wollen oder noch andere Warm-ups vor sich haben. Es macht besonders viel Spaß und ist auch sehr effektiv, wenn Sie vom flachen ins brusttiefe Wasser und wieder zurück gehen.

Laufen: Laufen Sie 30 Sekunden gemütlich auf der Stelle. Die nächsten 30 Sekunden steigert sich das Tempo, bis die Ballen nur jeweils kurz den Boden berühren. Auch hier erfolgen drei Wechsel zwischen langsamem und schnellem Laufen.

Schwimmen

Zum Einstimmen auf das nasse Element bietet sich natürlich auch Schwimmen an. Sichere Schwimmer ziehen im tiefen Wasser einige Bahnen. Wichtig: Man sollte versuchen, möglichst zügig voranzukommen und dabei Arme und Beine bewusst einzusetzen. Wechseln Sie zwischen den einzelnen Disziplinen. Beginnen Sie beispielsweise mit zwei Bahnen Brustschwimmen.

Bewegen Sie sich anschließend nur durch die Kraft der Arme fort und ziehen Sie die Beine nur passiv mit. Anschließend umgekehrt: Die Arme liegen an den Körperseiten an und dürfen höchstens kurzfristig für die Balance eingesetzt werden. Die Beine müssen durch kraftvolles Schlagen für den Antrieb sorgen. Beim Rückenschwimmen ist es einfacher, auf die Arme zu verzichten. Probieren Sie auch hierbei beide Varianten aus.

Zum Schluss folgt noch eine Bahn, bei der sich immer zwei Brustschwimmzüge über dem Wasser und zwei unter Wasser

abwechseln. Insgesamt sollte das Aufwärm-Schwimmtraining zehn bis 15 Minuten dauern.

Dehnen

Nun sind alle Muskeln, Sehnen und Bänder warm und können gedehnt werden. Wie viel Stretching Ihre gesamte Trainingseinheit enthält, hängt davon ab, was Sie erreichen wollen. Schnellkraft wird von ausgiebig gestreckten Muskeln eher gebremst, hierfür sind zwei Minuten genug. Stehen Ausdauer und allgemeine Stärkung im Mittelpunkt, darf das Dehnen ruhig länger ausfallen. Fünf Minuten werden üblicherweise dafür eingeplant. Ganz wichtig beim Stretching ist, dass es nicht ruckartig ausgeführt wird. Es sollte aber dennoch zügig eine Dehnbewegung nach der anderen gemacht werden, damit der Körper nicht wieder auskühlen kann.

Wadendehnung I

Gehen Sie mit dem rechten Fuß in einen Ausfallschritt nach hinten. Die Ferse bleibt am Boden, das rechte Bein ist gestreckt. Nun beugen Sie das linke Bein langsam bis Sie die Dehnung in der rechten Wade spüren. Halten Sie die Stellung rund zehn Sekunden und strecken Sie anschließend das linke Bein langsam wieder. Anschließend den rechten Fuß neben den linken stellen und die Übung mit der linken Seite wiederholen. Der Oberkörper bleibt die ganze Zeit aufrecht. Das fällt leichter, wenn sich die Hände hinter dem Rücken fassen und einen leichten Zug nach hinten unten ausüben.

Wadendehnung II

Gehen Sie an den Beckenrand. Stellen Sie den Ballen des rechten Fußes an die Wand, während die Ferse auf dem Boden bleibt. Um die Dehnung zu erreichen, schiebt man das Becken und das rechte Bein zur Wand. Anschließend wird die Übung mit dem linken Bein durchgeführt.

Oberschenkelrückseite

Strecken Sie den rechten Fuß nach vorn und stellen Sie die Ferse auf. Das rechte Bein ist durchgestreckt. Das linke Bein wird gleichzeitig gebeugt. Den Oberkörper leicht nach vorn neigen und das Gewicht nun langsam nach hinten auf das gebeugte Bein verlagern, als ob Sie sich hinsetzen wollten. Zehn Sekunden verharren, aufrichten und Bein wechseln.

Oberschenkelvorderseite

Stellen Sie sich auf das linke Bein und bringen Sie die rechte Ferse zum Gesäß. Mit der rechten Hand den Fuß greifen und sanft an das Gesäß drücken. Die Körperhaltung bleibt aufrecht. Die Knie bleiben dicht zusammen. Die Spannung zehn Sekunden halten, dann Bein wechseln.

Oberschenkelinnenseite

Gehen Sie in brusttiefes Wasser und halten Sie sich, den Blick zum Beckenrand gerichtet, an einer Stange oder Überlaufrinne fest. Die Arme sind schulterbreit auseinander und angezogen, die Füße sind gegen die Beckenwand gestemmt, die Beine sind stark angewinkelt. Lassen Sie sich nach hinten treiben, sodass die Arme allmählich gestreckt werden. Die Füße gehen dabei in eine große Grätsche auseinander und wandern nach oben. Beine, Becken und Gesäß sollten sich zum Schluss auf einer Höhe befinden. Der Rücken bleibt möglichst gerade. Die Dehnung kann verstärkt werden, indem man sich etwas näher an den Beckenrand heranzieht.

Katzenbuckel

Gehen Sie in den Vierfüßlerstand. Um die Knie zu schonen, kann ein Schwimmbrett untergelegt werden. Die Arme sind leicht gebeugt auf Schulterhöhe, Arme und Beine sind schulterbreit auseinander. Nun in den Katzenbuckel gehen. Das heißt, die Arme werden gestreckt, die Wirbelsäule nach oben gedrückt.

Unterer Rücken

Stellen Sie das rechte Bein auf einen Stepper oder eine Stufe.

Die Fußspitze wird angezogen. Das rechte Bein ist gerade aber nicht aktiv durchgedrückt, das Standbein ist ganz leicht gebeugt. Den Oberkörper nun langsam nach vorn neigen und das Becken nach hinten schieben. Nur so weit dehnen, dass es noch nicht schmerzt. Der Rücken bleibt während der gesamten Bewegung gerade. Spannung lösen und Beine wechseln.

Rücken

Für diese Übung nimmt man eine Haltung ein, wie ein Springer auf dem Startblock. Füße schulterbreit auseinander, Beine beugen. Die Arme als Verlängerung des Rückens gerade nach oben strecken, sodass sie neben den Ohren liegen. Jetzt den Oberkörper mit geradem Rücken leicht nach vorn beugen. Spannung zehn Sekunden halten, dann die Arme herunternehmen und den Oberkörper wieder in eine aufrechte Position bringen.

Vordere Rumpfmuskulatur

Stellen Sie sich aufrecht hin. Die Füße stehen parallel etwa schulterbreit auseinander, beide Knie sind leicht gebeugt. Arme seitlich auf Schulterhöhe bringen. Zwischen Unter- und Oberarm entsteht ein rechter Winkel, die Handflächen zeigen nach vorn. Nun die Ellenbogen langsam nach hinten führen, als wollten sie sich hinter dem Rücken berühren. Stellung zehn Sekunden halten und dann langsam lösen.

Bauchmuskulatur

Diese Übung sollte auf dem Trockenen oder in extrem flachem Wasser, wo kaum der Beckenboden bedeckt ist, oder mit Hilfsmitteln, wie Wet Vest, Aqua-Gürtel oder Poolnudel, ausgeführt werden. Legen Sie sich auf den Rücken. Die Arme sind seitlich neben dem Körper ausgestreckt, Handflächen zeigen nach unten. Nehmen Sie nun die Beine nacheinander nach oben, bis sie senkrecht über dem Körper stehen. Die Knie sind leicht gebeugt. Nun wird das Becken leicht angehoben und wieder abgesenkt. Wenn möglich sollten Sie die Dehnung zehn Sekunden halten, bevor Sie das Becken wieder ablegen. Unbedingt vermeiden sollten Sie eine schnelle Wippbewegung. Außerdem wichtig: Die Beine behalten die ganze Zeit ihre aufrechte Haltung. Sie neigen sich nicht in Richtung Oberkörper.

Wassertiefe

Je nachdem, in welcher Wassertiefe die Trainingseinheiten ausgeführt werden, ergeben sich große Unterschiede beim Schwierigkeitsgrad der Übungen und bei den Auswirkungen auf den Körper. Es gilt: Je flacher das Wasser, desto weniger nutzen Sie seine eigentlich positiven Effekte aus. Reicht es Ihnen nur bis zur Wade oder gerade bis zum Knie, genügt der Auftrieb nicht, um Gelenke und auch die Wirbelsäule zu entlasten. Sie könnten dann im Grunde auch an Land trainieren. Lediglich die Kraft, die den Füßen und Beinen abverlangt wird, würde sich durch den Widerstand steigern.

Seitliche Rumpfmuskulatur

Aus der Grundhaltung – aufrechter Stand und Füße schulterbreit auseinander – strecken Sie die Arme nach oben. Die rechte Hand umfasst das linke Handgelenk. Die linke Hand wird sanft nach rechts über den Kopf gezogen, sodass die linke Körperseite gedehnt wird. Zehn Sekunden halten, dann umgreifen, sodass die linke Hand das rechte Handgelenk umfasst. Jetzt zur anderen Seite ziehen.

Halswirbelsäule

Beginnen Sie, indem Sie das Kinn in Richtung Brust ziehen und so den Kopf nach vorn neigen. Spannung einen Moment halten und den Kopf nun nach hinten kippen, als wollten Sie mit dem Hinterkopf den Rücken berühren. Drehen Sie nun den Kopf ohne die Schultern zu bewegen so weit es geht nach links, dann wieder zur Mitte und schließlich nach rechts. Abschließend neigen Sie den Kopf seitlich. Das linke Ohr „zieht" dabei den Kopf in Richtung Schulter. Wieder aufrichten und dann das rechte Ohr zur Schulter bringen. Achtung: Es kommt nur darauf an, eine Dehnung zu erreichen. Niemand soll seine großartige Beweglichkeit beweisen, indem er unbedingt das Ohr mit der Schulter in Berührung bringt.

Übungen im flachen Wasser

Flachwasser bedeutet, dass Sie Bodenkontakt haben und sich Ihr Kopf über der Wasseroberfläche befindet. Welche Wassertiefe gewählt wird, ist immer eine Frage der eigenen Fähigkeiten und Vorlieben. Ein Wasserspiegel in Brusthöhe wird meist als angenehmer empfunden als wenn einem das Wasser buchstäblich bis zum Hals steht. Weit unter Brusthöhe sollte der Wasserspiegel nicht liegen, damit sich die Arme nicht außerhalb des Wassers befinden. Die meisten Übungen beginnen mit folgender Grundposition: Füße schulterbreit auseinander, Knie leicht gebeugt, Po und Bauch angespannt.

Übungen für Einsteiger

Beinpendeln (1)

Stellen Sie sich in der Grundposition auf und verlagern Sie dann das Gewicht auf Ihr rechtes Bein. Die Arme sind seitlich ausgestreckt. Das linke Bein leicht anwinkeln und erst nach vorn dann nach hinten pendeln. Schieben Sie das Bein aktiv vor und ziehen Sie es auch aktiv und mit Kraft nach hinten, als wollten Sie das Wasser durchpflügen. Wichtig ist, dass der Rücken während der ganzen Zeit gerade bleibt. 15-mal vor- und zurückschwingen, dann das andere Bein ebenfalls 15-mal vor- und zurückbewegen.

Wasser treten

Stellen Sie sich seitlich an den Beckenrand, nehmen Sie eine gerade Haltung ein und halten sie sich fest. Das Gewicht ruht auf dem Bein, das dicht an der Wand steht. Das andere Bein wird angezogen, bis ein rechter Winkel zwischen Oberschenkel und Wade entsteht und sich der Oberschenkel waagerecht parallel zur Wasseroberfläche befindet. Drücken Sie den Fuß dann kraftvoll wieder zum Boden. Anschließend wird der Oberschen-

(1)

kel wieder rasch nach oben gezogen. Turnen Sie 15 Wiederholungen und wechseln Sie dann die Seite. Achten Sie wieder darauf, dass der Rücken gerade bleibt.

Einbeinige Sprünge

Das rechte Bein geht in einem weiten Ausfallschritt nach vorn. Der linke Arm schwingt gegengleich mit. Mit einem Sprung wechselt man die Beine, die Arme wechseln ebenfalls. Der Ablauf dieser kleinen Lektion ist sehr einfach, die Ausführung dagegen kostet viel Kraft.

(2)

Fersen heben (2)

Die folgende Übung macht besonders viel Spaß, wenn sie gehüpft wird. Stellen Sie die Füße schulterbreit auseinander. Das rechte Bein anwinkeln und das Knie dabei leicht nach außen drehen. Der Fuß wird gleichzeitig hinter den linken Oberschenkel geführt.

Die Arme sind während der Lektion leicht zur Seite gestreckt, die Handflächen zeigen zum Beckenboden. Drücken Sie die linke Handfläche dem rechten Fuß entgegen. Springen Sie anschließend um, sodass jetzt der linke Fuß hinter dem rechten Oberschenkel und die rechte Hand bei der linken Fußsohle ist. Wem das zu schwierig ist, der nimmt zwischen den Wechseln jeweils wieder die Ausgangsposition ein. Der Ablauf sollte dennoch flott durchgeführt werden.

Wechselsprünge

Stehen Sie aufrecht, die Füße sind schulterbreit auseinander. Ziehen Sie jetzt den rechten Fuß nach hinten oben, bis die Ferse das Gesäß berührt. Wieder abstellen und die Bewegung mit dem linken Fuß durchführen. Beginnen Sie, indem Sie den Fuß zwar kraftvoll aber

Training der Arme

Die Arme spielen beim Aquafitness-Training eine große Rolle, denn sie sind eigentlich immer in Bewegung. Entweder, weil die jeweilige Übung dies erfordert, oder weil zum Balancehalten mit den Armen leicht gerudert wird. Deswegen ist es besonders wichtig, ihnen viel Aufmerksamkeit zu widmen und sie optimal zu stärken.

eher langsam heben und entsprechend wieder absetzen. Werden Sie bei jeder der zehn bis 15 Wiederholungen schneller, bis Sie schließlich von einem Fuß auf den anderen hüpfen. Stellen Sie sicher, dass der Rücken nie ins Hohlkreuz fällt. Außerdem sollte auch bei hohem Tempo die Ferse jedes Mal den Po berühren. Danach führen Sie Schlusssprünge aus und ziehen beide Fersen gleichzeitig an das Gesäß. Das Wasser hilft Ihnen dabei. Während Sie auf dem Trockenen nur extrem wenig Zeit hätten, bevor die Füße wieder auf den Boden zurückkommen, können Sie sich in diesem Medium „Zeit lassen“. Wiederholen Sie die Sprünge fünfmal.

Gazellensprung

Mit den folgenden Sprungübungen trainieren Sie Ihr Gleichgewicht. Stellen Sie sich in die Grundposition. Die Füße stehen parallel und nicht ganz hüftbreit auseinander. Heben Sie das rechte Knie an, strecken Sie das Bein und springen Sie nach vorn auf den rechten Fuß. Für den nötigen Schwung strecken Sie die Arme, während Sie das Bein anheben, waagerecht nach vorn. Wenn Sie nun losspringen, schaufeln Sie mit beiden Handflächen das Wasser weg (ähnlich der Bewegung beim Brustschwimmen) bis sich die Arme seitlich vom Körper in einer waagerechten Position befinden.

Im „Flug“ und wenn Sie auf dem rechten Fuß landen, sollte das linke Bein möglichst gestreckt nach hinten zeigen. Auch bei der Landung ist das linke Bein noch nach hinten ausgestreckt. Bringen Sie die Arme an den Körper und dann wieder waagerecht nach vorn, während Sie das linke Knie schwungvoll vor den Körper bringen. Dann das linke Bein strecken, abspringen und mit gestrecktem Bein, unter Zuhilfenahme der Arme weit nach vorn gleiten.

Selbstkontrolle

Hat das Becken, in dem Sie üben, Fliesen? Schauen Sie einmal, wie viele Sie mit einem Satz überspringen können! Die Arme helfen immer mit. Der gesamte Ablauf soll fließend ausgeführt sein.

Armkreisen

Gehen Sie in etwas tieferes Wasser, wo Ihnen der Wasserspiegel bis an den Hals reicht. Die Schultern müssen vollständig eingetaucht sein. Die Beine sind etwas mehr als schulterbreit auseinander. Achten Sie auf einen sicheren Stand. Die Arme nun seitlich in die Waagerechte strecken, bis sie kurz unter der Wasseroberfläche zu sehen sind, die Handflächen sind gestreckt und zeigen zum Boden. Beschreiben Sie mit den Armen kleine Kreise nach vorn. Nach einiger Zeit die Richtung wechseln und Kreise nach hinten ziehen. Die Arme und Hände sind dabei angespannt.

Schere

Die Arme werden angespannt und waagerecht nach vorn ausgestreckt. Die Handflächen zeigen nach unten, die Finger sind eng aneinander gelegt. Kreuzen Sie den rechten Unterarm über den linken, wieder in Ausgangsposition bringen und dann den linken Unterarm über den rechten kreuzen. Die Wechsel sollten sehr schnell und kontrolliert erfolgen.

Verkehrspolizist (3)

Nehmen Sie die Grundhaltung mit geradem Rücken und schulterbreit gespreizten Beinen ein. Beide Oberarme haben etwas Abstand zum Oberkörper. Winkeln Sie den rechten Unterarm leicht an (ca. 45 Grad) und klap-

(3)

pen Sie ihn nach außen, sodass er vom Körper weg waagerecht im Wasser liegt. Die Handfläche zeigt nach vorn. Den linken Unterarm winkeln Sie ebenfalls an. Er liegt allerdings waagerecht vor dem Bauch, die Handfläche zeigt zum Bauch.
Achtung: Die Schultern nicht hochziehen! Wechseln Sie jetzt, indem Sie gleichzeitig die rechte Handfläche zum Bauch bringen und mit dem linken Handrücken nach außen drücken.
Nachdem Sie zehnmal die Seiten gewechselt haben, behalten Sie die Armhaltung bei, jedoch sind diesmal beide Arme zur Seite gestreckt. Beide Handflächen gleichzeitig zum Bauch ziehen, anschließend wieder durch Druck mit den Handrücken die Arme auseinander bringen und zehnmal wiederholen.

Öffnen und Schließen

Nehmen Sie die Grundposition ein. Strecken Sie die Arme waagerecht vor den Körper und legen Sie die Handflächen aneinander. Öffnen Sie jetzt die Arme, indem Sie diese mit Schwung nach außen zur Seite drücken. Dabei nicht die Schultern hochziehen! Die Arme anschließend gleich wieder, ebenfalls mit Energie, nach vorn drücken, Handflächen aneinander legen und die Finger ineinander verschränken. Drücken Sie nun mit dem linken Arm den rechten an die rechte Körperseite. Sie müssen dabei unbedingt im Ellenbogen einknicken. Anschließend beide Arme wieder nach vorn strecken und dann mit rechts zur linken Seite schieben. Danach geht es wieder mit dem Öffnen los. Wiederholen Sie den gesamten Bewegungsablauf achtmal.

Wasserschieben

Mithilfe eines Schwimmbretts kann auf einfache Art der gesamte Körper aktiviert werden. Halten Sie das Brett mit beiden Händen vor die Brust. Die Arme bleiben leicht angewinkelt. Gehen Sie nun mit geradem Rücken und aufrechter Haltung durch das Wasser. Lassen Sie nicht zu, dass die Neigung Ihrer Arme durch den entstehenden Druck verstärkt wird. Gehen Sie von einer Seite des Beckens zur anderen. Dort angekommen, gehen Sie rückwärts zurück, sodass das Schwimmbrett nun gezogen wird. Auch hierbei darauf achten, dass die Arme in diesem Fall niemals vollständig gestreckt sind. Fünfmal in jede Richtung gehen, das Tempo dabei jedes Mal steigern.

Übungen für Fortgeschrittene

Wer schon länger aktiv Aquafitness betreibt, kann zum einen die soeben beschriebenen Übungen für Einsteiger einfach intensivieren, indem er sie schneller durchführt, mehr Wiederholungen auf den Trainingsplan schreibt oder Hilfsmittel wie Handschuhe, Mini-Fins oder Power-Boots benutzt. Zum anderen können aber auch komplexere und kombinierte Bewegungsabläufe trainiert werden, die auch für Fortgeschrittene eine Herausforderung sind. Die folgenden Anleitungen erfordern nicht nur Vertrautheit mit dem Element Wasser, sondern auch Koordination, Konzentration und einen guten Gleichgewichtssinn. Je nach Fitness werden die Übungen zehn- bis 15-mal wiederholt. Bevor Sie das Tempo steigern, sollten Sie sicher sein, dass Sie die Ausführung der einzelnen Elemente exakt beherrschen.

Kombination I: Beinstrecker

Stellen Sie sich aufrecht hin. Die Füße sind parallel hüftbreit geöffnet. Ziehen Sie zunächst das rechte Knie in Richtung Brust. Es geht nicht darum, dass das Knie die Brust tatsächlich berührt. Nehmen Sie es nur so hoch, dass Sie sicher stehen und im Rücken gerade bleiben können. Strecken Sie das rechte Bein jetzt nach vorn durch. Unterschenkel dann wieder anwinkeln, sodass die erste Position entsteht. Jetzt das rechte Bein gerade nach hinten strecken. Den rechten Ballen auf dem Boden absetzen und umspringen, sodass der rechte Fuß nach vorn kommt, das linke Bein nach hinten gestreckt ist. Verlagern Sie das Gewicht auf den rechten Fuß und heben Sie das linke Bein an. Es ist noch immer nach hinten ausgestreckt. Das linke Bein anschließend nach vorn holen und das Knie in Richtung Brust ziehen. Linkes Bein einmal nach vorn strecken, Unterschenkel danach wieder anwinkeln, sodass die erste Position entsteht. Zum Schluss den linken Fuß absetzen. Sie stehen wieder in der Grundhaltung.

Die Arme vollziehen während des gesamten Ablaufs gegenläufige

Bewegungen. Ist das rechte Knie oben oder das rechte Bein nach vorn gestreckt, ist der linke Arm ebenfalls nach vorn, der rechte leicht nach hinten gerichtet. Strecken Sie das rechte Bein nach hinten, kommt der rechte Arm nach vorn, der linke gleitet nach hinten.

Bodenkontakt

Achtung: Der Fuß des übenden Beins bleibt meistens ohne Bodenkontakt. Er wird nur kurz vor dem Beinwechsel aufgesetzt und schließlich erst wieder nach einem kompletten Durchgang hingestellt.

Die nächste Kombination beansprucht andere Muskelgruppen in den Beinen. Sie erfordert noch mehr Konzentration und Gleichgewichtssinn. Da ein Teil der Bewegungen in die diagonale Richtung ausgeführt wird, fühlen sie sich zunächst etwas ungewohnt an. Sie kommen im Alltag so nicht vor und würden, auf dem Trockenen ausgeführt, erhebliche Schwierigkeiten bereiten. Die Tragfähigkeit des Wassers hilft jedoch dabei, die gesamte Übung zu absolvieren, ohne den Fuß zwischendurch absetzen zu müssen.

Kombination II: Seitendrehung (4)

Nehmen Sie die Grundhaltung ein. Heben Sie das rechte Knie um ca. 45 Grad. Drehen Sie das rechte Bein leicht nach außen, sodass das Knie diagonal gehoben wird und die rechte Ferse in Richtung des linken Knies deutet. Spreizen Sie das rechte Bein jetzt angewinkelt zur Seite. Der Fuß übernimmt dabei die Führung. Er wandert erst nach rechts und dann ein Stück nach hinten, bis das rechte Knie sich schließlich neben der rechten Körperseite befindet.

Nun den Fuß noch weiter nach hinten ziehen. Das Knie befindet sich jetzt hinter dem Körperschwerpunkt. Die gesamte Bewegung rückwärts turnen. Das rechte Knie wird also auf die Seite und schließlich vor den Körper gebracht, bis der rechte Fuß wieder zum linken Knie zeigt. Rechten Fuß absetzen und den Ablauf mit links wiederholen.

In der Grundhaltung sind beide Arme seitlich vom Körper ausgestreckt. Wird das rechte Bein zunächst diagonal nach vorn gehoben, gleitet der linke Arm in seine Richtung. Nimmt man das Bein zur Seite und nach hinten, wandert der Arm wieder in seine Ausgangsposition. Mit beiden Armen wird das Gleichgewicht gehalten. Wenn Sie diese zweite Kombination sicher beherrschen, fügen Sie noch ein kleines Element an. Sie haben das rechte und linke Bein jeweils angewinkelt diagonal nach vorn, zur Seite, nach hinten, wieder zur Seite und zum Schluss wieder diagonal nach vorn bewegt. Den Fuß nun noch nicht absetzen, sondern das angehobene Bein vor das Standbein kreuzen so weit es geht. Jetzt das Bein strecken, wieder anwinkeln und schließlich den Fuß absetzen. Wenn das rechte Bein vor das linke kreuzt, gehen beide Arme zur rechten Seite, um die Balance zu gewähren und umgekehrt. Wer dynamische Bewegungen mag, wird Freude an der dritten Kombination haben. Sie trainiert Beine, Pomuskulatur, Arme und die Ausdauer. Für Menschen mit eher schwacher Kondition reichen zehn Durchgänge pro Seite.

Körperhaltung

Achtung: Behalten Sie eine aufrechte Haltung. Der Oberkörper neigt sich nicht zur Seite, wenn das Bein zur Seite gehoben wird, und er neigt sich auch nicht nach vorn, wenn das Bein nach hinten gedrückt wird. Die Kraft kommt aus dem Oberschenkel. Heben Sie das Bein nur so hoch, wie es Ihnen mit geradem Rücken möglich ist.

(4)

Kombination III: Beinkicks (5)

Gehen Sie in die Grundhaltung. Das rechte Bein beginnt. Vollfüh-

Musik machts leichter

Tipp: Mit Musik gehts besonders gut. Wählen Sie zuerst ein Stück mit langsamem Rhythmus, später können Sie dann auch mit schneller Musik trainieren.

ren Sie einen Ausfallschritt nach vorn. Das Gewicht wird kurz auf das rechte Bein verlagert aber nur so lange, bis der Schritt abgefedert wurde. Dann heben Sie den rechten Fuß wieder vom Boden ab, ziehen ihn in die Ausgangsposition zurück, setzen kurz und ohne Gewicht den Ballen auf und vollführen einen Ausfallschritt zur Seite. Es folgt wieder eine kurze Gewichtsverlagerung, dann wird der rechte Fuß in die Grundhaltung gebracht. Jetzt geht der Ausfallschritt nach hinten. Auch hier verlagert sich kurzfristig das Gewicht und der rechte Fuß geht zurück in die Ausgangsstellung. Diesmal setzen Sie ihn ganz auf, und das linke Bein beginnt mit den Ausfallschritten. Sobald der linke Fuß nach dem letzten Schritt wieder abgestellt ist, ziehen Sie das rechte Knie in Richtung Brust und führen einen Kick vorwärts aus, der Fuß ist dabei angewinkelt. Stellen Sie sich vor, Sie wollten mit der Fußsohle gegen eine imaginäre Wand vor Ihnen treten. Den Fuß anschließend wieder zurückziehen, das Bein zur Seite drehen und den Kick nach rechts zur Seite ausführen.

(5)

Wieder zurückziehen, Bein nach hinten wenden und nach hinten treten. Anschließend den Fuß anziehen, abstellen und mit links beginnen. Danach fängt die Kombination wieder mit den Ausfallschritten an.

Während der Ausführung der einzelnen Elemente gehen die Arme gegenläufig mit, die Hän-

Körperhaltung

Achtung: Durch die schnelle Ausführung wird der Oberkörper in Bewegung geraten. Das lässt sich nicht vermeiden. Passen Sie aber auf, dass Sie weder ins Hohlkreuz fallen noch einen Buckel machen und den Rumpf nicht beugen.

de sind lockere Fäuste. Ist das rechte Bein vorn, befindet sich der rechte Arm hinten. Geht das rechte Bein auf die Seite, wandern beide Arme nach links. Bei den Kicks schlagen auch die Fäuste gegen einen imaginären Sandsack. Tritt das rechte Bein nach vorn, schlägt die linke Faust nach vorn, wendet sich der rechte Fußkick zur Seite, schlagen beide Fäuste nach links. Nun noch eine Kombination für diejenigen, die Lust am Tanz haben. Üben Sie den Ablauf an Land und gehen Sie erst ins Wasser, wenn Sie die einzelnen Elemente beherrschen.

Kombination IV: Seitwärtslaufen (6)

Nehmen Sie die Grundstellung ein und winkeln Sie die Arme an. Die Oberarme bleiben am Körper,

(6a)

die Unterarme sind in der Waagerechten und zeigen nach vorn. Die Handflächen zeigen zueinander. Es folgen Kreuzschritte zur Seite. Beginnen Sie mit dem rechten Fuß, der über links kreuzt. Die Arme klappen dabei nach links, sodass der linke Unterarm im rechten Winkel von der linken Seite absteht, der rechte Arm liegt vor dem Bauch (6a). Öffnen Sie die gekreuzten Beine, indem Sie den linken Fuß nach links setzen. Dabei gehen die Arme zurück in die Anfangsstellung. Kreuzen Sie noch einmal mit dem rechten Fuß über links, und öffnen Sie wieder durch einen Schritt mit dem linken Fuß zur Seite. Das Ganze noch einmal wiederholen, die Arme gehen jeweils mit. Der rechte Fuß kreuzt dann wieder über links, bleibt aber in der Luft stehen. Stellen Sie sich vor, Sie wollten einen Ball wegschießen. Der Fuß wird angehoben und führt eine diagonale Trittbewegung vor dem Standbein aus. Dabei zeigen die Unterarme nach unten, die Handflächen zum Körper (6b). Gehen Sie jetzt nach rechts. Dafür kreuzt der linke Fuß dreimal über rechts. Nachdem Sie den dritten Kreuzschritt aufgelöst

(6b)

haben, folgt der diagonale Tritt vor dem rechten Bein. Die Arme klappen bei jedem Kreuzen nach rechts, beim Öffnen wieder in die Mitte.

Nach dem Kick mit dem linken Fuß gehen Sie mit rechts vorwärts. Sie vollführen drei Schritte, also: rechter Fuß, linker Fuß, rechter Fuß. Statt eines vierten Schritts kickt der linke Fuß nach vorn. Die Arme gehen gegengleich mit, wobei der jeweils vordere Arm ausgestreckt wird. Die Hand ist geöffnet und schließt sich in einer Greifbewegung, bevor der Arm zurückgezogen wird. Es folgt der Rückwärtsgang. Sie haben das linke Bein frei, beginnen mit dem ersten Schritt entsprechend mit links. Dann ein Schritt mit rechts und ein weiterer mit links nach hinten. Die Hände setzen ihre Bewegung, die sie beim Vorwärtsgehen ausgeführt haben, unverändert fort. Statt eines Kicks mit rechts, beschließt ein Schlusssprung mit beiden Füßen auf der Stelle die Folge. Eine Drehung beendet schließlich die Kombination. Wenn Sie sich links herumdrehen möchten, beginnt der linke Fuß mit einem kleinen Schritt rückwärts. Die linke Schulter dreht rückwärts, die rechte vorwärts. Drehen Sie sich auf diese Weise mit acht schnellen Schrittchen um die eigene Achse. Die Arme führen gleichzeitig Auf- und Abbewegungen wie eine Wippe aus. Macht der linke Fuß einen Schritt, ist der linke Arm seitlich vom Körper unten, der rechte ist zur anderen Seite gestreckt oben. Beim Schritt mit rechts geht der linke Arme hoch, der rechte wird heruntergedrückt. Probieren Sie, ob Sie eine fließende Armbewegung hinkriegen. Folgender Trick hilft dabei. Wenn ein Arm abgesenkt werden soll, stellen Sie sich vor, in der Mitte der Handinnenfläche sei ein Faden befestigt, der nach unten gezogen wird. Beim Heben des Armes stellen Sie sich vor, dass dieser Faden von der Mitte des Handrückens nach oben zieht. Die Arme folgen einfach den Händen. Nach der Drehung beginnt die gesamte Kombination sofort von vorn.

Mit einem Schwimmbrett lässt sich der ganze Körper trainieren. Der Spaß dabei ist garantiert. Das gilt besonders für folgende Kombination.

Kombination V (7, 8)

Langlaufen: Nehmen Sie zwei Schwimmbretter, drücken Sie sie im maximal hüfttiefen Wasser auf den Boden und stellen Sie sich mit jedem Fuß auf eins der Bretter. Nun rutschen Sie über den Beckenboden, als stünden Sie auf Langlaufski.

Die Arme bewegen sich gegenläufig. Wenn es Ihnen gelingt, sich flott und sicher fortzube-

> ### Intensität
>
> Achtung: Um einen möglichst hohen Trainingsnutzen zu haben, führen Sie alle Bewegungen kraftvoll und bewusst aus.

(7)

Übungen im flachen Wasser

wegen, ohne die Bretter zu verlieren, gehen Sie damit in immer tieferes Wasser. Sie werden merken, wie der wachsende Auftrieb die Lektion erschwert.

Surfen: Für diese Übung benötigen Sie nur ein Schwimmbrett. Stellen Sie sich im brusttiefen Wasser darauf. Ziehen Sie nun die Beine leicht an, sodass das Brett den Bodenkontakt verliert. Versuchen Sie, das Gerät mithilfe Ihrer Füße zunächst leicht nach links und dann etwas nach rechts zu bewegen.

Anschließend das Brett wieder zum Boden drücken. Wiederholen Sie diese Übung einige Male. Wenn es gut klappt, können Sie die Beine mit dem Brett immer wieder von einer Seite zur anderen bewegen, ohne sich zwischendurch hinzustellen. Die Arme sind zur Seite ausgebreitet und halten das Gleichgewicht.

(8)

Übungen im tiefen Wasser

Die folgenden Übungen werden in einem tiefen Becken ausgeführt, in dem Sie keinen Kontakt mehr zum Boden haben. Zunächst ist es sinnvoll, sich daran zu gewöhnen, keinen festen Boden mehr unter den Füßen zu spüren. Die Einsteigerübungen seien deshalb auch denjenigen empfohlen, die schon regelmäßig Aquafitness betreiben, sich bisher aber mit Flachwasser-Kombinationen be-

Auftriebshilfe

Beim Training im tiefen Wasser müssen Sie eine Auftriebshilfe benutzen. Je mehr Sie Bauch- und Pomuskeln anspannen, desto leichter ist es, in der Vertikalen zu bleiben.

schäftigt haben. Die Grundposition, aus der Sie die meisten Lektionen starten, sieht folgendermaßen aus: Bauch und Po fest anspannen, sodass der Körper senkrecht, Zehen zum Boden zeigend, im Wasser hängt. Die Arme sind seitlich ausgestreckt und halten das Gleichgewicht.

Zu Beginn sollten Sie einfach Ihre Auftriebshilfe anlegen und versuchen, im Wasser eine vertikale Haltung einzunehmen und zu behalten. Am Anfang ist das nicht ganz leicht. Spannt man Bauch- und Gesäßmuskeln an, geht es schon einfacher. Sobald man das Vertrauen erworben hat, dass man nicht untergeht, auch wenn man sich in einer Ruhestellung befindet, beginnt man, das Schwebegefühl zu genießen.

Schwerelosigkeit

Eine schöne Übung, um sich an den Schwebezustand im Tiefwasser zu gewöhnen, ist diese: Nehmen Sie eine aufrechte vertikale Haltung ein. Führen Sie die rechte Ferse zum Gesäß. Der Oberschenkel bleibt möglichst ruhig. Strecken Sie das Bein wieder aus, als würden Sie es hinstellen. Jetzt mit der linken Ferse das Gesäß berühren und wieder senken. Wiederholen Sie zehnmal, wobei sowohl die Aufwärts- als auch die Abwärtsbewegung mit Kraft ausgeführt wird. Anschließend wiederholen Sie zehnmal in doppelter Geschwindigkeit. Das heißt, wenn das rechte Bein wieder gestreckt wird, ziehen Sie die linke Ferse bereits hoch und umgekehrt.

Übungen für Einsteiger

Walken/Joggen (9)

Vollführen Sie Schritte vorwärts. Ist das rechte Bein vorn, geht gegenläufig der linke Arm mit, die Hände bilden lockere Fäuste. Die Schritte sollten so lang sein, dass sich der Fuß, der nach vorn gesetzt wird, knapp vor dem Körperschwerpunkt befindet. Außerdem wichtig ist eine leichte Neigung des Oberkörpers nach vorn. Dadurch kommt man besser vorwärts. Ist der Körper absolut senkrecht im Wasser, tritt man auf der Stelle. Der Fuß ist angezogen, sodass die Sohle zunächst gegen den Wasserwiderstand schiebt. Ist das Bein gestreckt, wandert die Fußsohle Richtung Boden geradeso, als wollten Sie

auftreten. Am tiefsten Punkt wird der Fuß gestreckt, die Spitze zeigt nun nach unten.
In dieser Haltung bleibt der Fuß, bis das Bein ganz hinten ist. Sobald es wieder nach vorn bewegt wird, knickt er ab. Die Schultern bleiben die ganze Zeit möglichst ruhig.
Nach einigen Bahnen zum Eingewöhnen intensivieren Sie die Bewegung, indem Sie die Hände nicht mehr als lockere Faust mitführen, sondern zu Schaufeln umfunktionieren. Beim Vorstrecken des Armes zeigt der Handrücken von Ihnen weg und drückt gegen den Widerstand. Er wird langsam angehoben, sodass er in der vordersten Position nach oben zeigt. Jetzt wird der Arm zurückgeführt. Die Hand greift wie eine Schaufel, die in einen Eimer Sand gesteckt wird und schiebt mit der Handfläche nach hinten.

Wassertreten mit Schwimmbrett

Legen Sie das Brett unter den rechten Fuß, und strecken Sie nun das rechte Bein, sodass das Übungsgerät in Richtung des Beckenbodens gedrückt wird. Ziehen Sie das Bein wieder an. Das Brett hat ständigen Kontakt mit der vollen Fußsohle. Zehnmal strecken und anziehen, dann das Brett unter den linken Fuß nehmen und die Lektion wiederholen. Das freie Bein schwebt jeweils unbeteiligt im Wasser, die Arme sind waagerecht zur Seite gestreckt und rudern leicht, um die Balance zu halten. Wenn Sie zwei Schwimmbretter zur Hand haben, können Sie natürlich auch mit beiden Beinen gleichzeitig üben. Oder Sie drücken mit beiden Füßen ein Brett herunter und lassen es durch Anziehen beider Beine wieder hochkommen.

Steigerung der Intensität beim Walken

Nach den buchstäblich ersten Schritten kann das Tempo gesteigert werden. Statt Walking steht nun Jogging auf dem Programm. Der Bewegungsablauf ist exakt der gleiche, nur dass Sie sich jetzt schneller fortbewegen, also längere Schritte machen. Der Fuß wird in diesem Fall bis weit vor den Körperschwerpunkt gesetzt. Außerdem darf keine Pause zwischen den einzelnen Schritten entstehen. Achten Sie darauf, dass der Oberkörper nicht zu weit nach vorn kippt. Anfängern unterläuft oft dieser Fehler, weil sie das Gefühl haben, je weiter der Oberkörper vorgeneigt ist, desto rascher bewegen sie sich nach vorn. Variieren Sie auch beim Joggen mit den Händen. Mal sind sie Fäuste, dann greifen sie wie Schaufeln ins Wasser. Auch Brustschwimmarmbewegungen können ausprobiert werden.

Gleichgewichtsübung mit Schwimmbrett

Setzen Sie sich auf das Schwimmbrett und lassen Sie die Unterschenkel baumeln. Versuchen Sie sich im Kreis zu drehen. Gehen Sie vorwärts, indem die Beine Schritte und die Arme Brustschwimmbewegungen ausführen. Und nun „laufen" Sie rückwärts. Strecken Sie die Hände vor dem Körper aus, die Handflächen zeigen von Ihnen weg. Drücken Sie sich am Wasser ab, als wollten Sie einen Gegenstand vor Ihnen wegschieben. Haben Sie bei allen Variationen auf dem Schwimmbrett die Balance gehalten? Dann knien Sie sich nun darauf. Durch seitliches Paddeln der Arme drehen Sie sich um die eigene Achse. Auch hierbei sorgen Brustschwimmbewegungen dafür, dass Sie vorwärts kommen. Aber Vorsicht: Wenn Sie den Oberkörper zu weit nach vorn neigen, rutscht das Brett leicht unter den Knien weg.

Rad fahren (10)

Eine für das Tiefwasser gut geeignete Übung ist das Rad fahren. Ziehen Sie aus der vertikalen Position das rechte Knie an. Beide Füße sind gestreckt, die Fußspitzen zeigen zum Boden. Strecken Sie jetzt das rechte Bein nach vorn, wobei der Fuß angewinkelt wird, sodass die Fußsohle nach vorn schiebt. Treten Sie mit dem rechten Fuß ein imaginäres Pedal

(10)

len zu halten. Öffnen Sie dann die Beine zu einer Grätsche und legen Sie die Fußsohlen aneinander. Beine wieder öffnen, vor dem Körper schließen und absinken lassen. Gehen Sie dann mit den nach unten gestreckten Beinen in eine Grätsche und legen Sie anschließend die Fußsohlen aneinander wie ein Frosch. Öffnen Sie die Beine wieder. Jetzt wandert der rechte Fuß zum linken Oberschenkel. Die Fußspitze berührt kurz die Oberschenkelinnenseite. Beine wieder öffnen und mit dem linken Fuß den rechten Oberschenkel berühren.

herunter. Währenddessen haben Sie das linke Knie angezogen. Es komplettiert die Radfahrbewegung. Treten Sie mit jedem Bein 15-mal durch. Der gesamte Ablauf erfolgt auf der Stelle. Mithilfe der seitlich ausgestreckten Arme können Sie die Balance halten.

Kombination mit Grätsche (11)

Nehmen Sie eine aufrechte Haltung ein. Ziehen Sie nun beide Beine gestreckt vor dem Körper hoch, bis sie in der Waagerechten sind. Mit den Armen möglichst gleichmäßig rudern, um den Oberkörper ruhig in der Vertika-

(11)

Jetzt werden die Beine erneut geöffnet und die Kombination beginnt von vorn mit dem Anheben der Beine vor dem Körper.

Übungen für Fortgeschrittene

Wie bei den Flachwasserkombinationen werden auch hier mehrere kleine Elemente zu einem komplexen Bewegungsablauf zusammengesetzt. Prägen Sie sich die Abläufe gut ein bevor Sie beginnen. Um die Intensität zu steigern, bietet es sich an, das Tempo von Mal zu Mal zu steigern oder die Wiederholungszahl zu erhöhen. Auch Handschuhe und Fins an den Füßen bringen einen zusätzlichen Trainingseffekt.

Kombination I: Knien und Grätsche

Winkeln Sie aus der Grundposition die Unterschenkel an, indem Sie die Fußsohlen in Richtung Gesäß ziehen. Zwischen Ober- und Unterschenkel bildet sich ein rechter Winkel, als ob Sie auf einem festen Untergrund knien würden. Strecken Sie die Beine wieder durch und winkeln Sie sie gleich wieder an. Das wiederholen Sie zehnmal. Danach öffnen Sie die Oberschenkel langsam bis zur großen Grätsche, die Beine bleiben dabei immer gestreckt. Malen Sie nun mit beiden Füßen zehn kleine Vorwärts- und anschließend zehn kleine Rückwärtskreise ins Wasser. Führen Sie dann beide Beine nach vorn und zusammen. Die Oberschenkel sind nun geschlossen, der rechte Fuß kreuzt über den linken. Wechseln Sie nun die Kreuzung der Beine. 15-mal soll der rechte über dem linken und 15-mal der linke über dem rechten Fuß sein. Anschließend die Beine öffnen, zum Boden drücken, dort wieder schließen, sodass Sie sich in der Grundposition befinden. Führen Sie die gesamte Kombination weitere viermal durch.

Kombination II: Fersenheben und Drehen

Die zweite Kombination ist deutlich dynamischer als die erste. Die Bewegungen erinnern an das Schuhplatteln. Winkeln Sie aus der Grundhaltung das rechte Knie leicht nach außen gedreht an. Die rechte Ferse zeigt zum linken Knie. Mit der linken Hand klatschen Sie einmal vor dem Körper kurz auf den Fußrücken. Anschließend das rechte Bein wieder strecken und das linke Knie nach außen gedreht anwinkeln. Die rechte Hand schlägt vor dem Körper auf den linken Fußrücken. Wechseln Sie immer wieder, für jede Seite 15-mal. Anschließend das rechte Bein nach hinten anwinkeln. Versuchen Sie, mit dem Fuß an die linke Gesäßhälfte zu kommen. Die linke Hand klatscht auf die Fußsohle. Das Ganze mit dem linken Bein. Auch hiervon jeweils 15 Wiederholungen. Abschließend „laufen" Sie mit acht Schritten mit rechts beginnend einen kleinen Kreis um die linke Schulter. Es folgen wieder 15 Schuhplattler vorwärts und 15 Schuhplattler rückwärts. Danach laufen Sie den Kreis mit links beginnend um die rechte Schulter.

Körperhaltung

Achtung: Obwohl das Wasser hilft, die Knie möglichst hoch anzuwinkeln, ist es einfacher, die Hand eher zum Fuß als umgekehrt zu bewegen. Die Übung verlangt es aber genau umgekehrt: Der Fuß kommt möglichst weit zur Hand. Ansonsten besteht die Gefahr, dass der Rücken einen Buckel formt. Halten Sie den Rücken unbedingt gerade!

Die gesamte Kombination wird viermal durchgeführt.

Kombination III: Pendel und Schaukel (12)

Nach der dynamischen Kombination folgt eine eher ruhige, die es jedoch schwer macht, in der Vertikalen zu bleiben. Sie steigert die Konzentration und stärkt die Beinmuskulatur.

Aus der Grundposition ziehen Sie beide Knie zum Oberkörper. Umfassen Sie die Knie kurz mit beiden Händen und ziehen Sie die Oberschenkel weiter zu sich heran. Die Arme nun wieder seitlich ausstrecken und mit den geschlossen nebeneinander liegenden Füßen erst nach rechts und dann nach links pendeln. Die Fußspitzen zeigen immer zum Boden (12a).

Nach zehn Pendelbewegungen zu jeder Seite umfassen Sie die Knie und ziehen die Oberschenkel noch einmal an den Körper. Die Arme sind wieder seitlich ausgestreckt, um die Balance zu halten. Die Knie bleiben angewinkelt, die Füße werden hinter den Körper geführt, als wollten Sie mit den Sohlen auf Ihren Rücken tippen. Danach die Knie wieder vor den Oberkörper ziehen und so weiter.

(12a)

(12b)

Es soll eine fließende Schaukelbewegung entstehen. Nach zehn Wiederholungen strecken Sie die Füße in Richtung Boden. Sofort das rechte Bein mit gestrecktem Fuß seitlich anheben. Mit dem Bein holen Sie Schwung, um eine halbe Drehung nach links (die linke Schulter geht zurück, die rechte bewegt sich vorwärts) zu vollziehen. Das rechte Bein kreuzt dabei über das linke (12b).

Das Kreuzen wird durch die Drehung automatisch aufgelöst, sodass Sie schließlich wieder in der Grundstellung enden. Sie blicken jetzt aber in die entgegengesetzte Richtung. Es geht wieder mit dem Anziehen der Knie und Umfassen der Oberschenkel los. Wiederholen Sie alles bis inklusive der Schaukelbewegung. Für die nächste Drehung wird mit dem linken Fuß Schwung geholt.

Spannung halten

Achten Sie immer auf fest angespannte Gesäß- und Bauchmuskeln. Das erleichtert gerade diese Kombination ungemein! Atmen Sie immer gleichmäßig und ruhig weiter.

Wiederholen Sie die gesamte Kombination sechsmal.

Bodystyling

Sport im richtigen Maß ist gesund, da Herz und Kreislauf profitieren und der gesamte Stoffwechsel angeregt wird. Doch bei den wenigsten Menschen erfüllt die Bewegung nur diesen Zweck, denn die meisten wünschen sich auch einen straffen schlanken Körper. Aquafitness bietet hierfür ideale Voraussetzungen. Erstens wenden Sie im Wasser für alle Übungen mehr Muskelkraft auf, als bei normalen Fitnessübungen im Studio. Zweitens wird der Stoffwechsel schon durch den ständigen Temperaturausgleich beansprucht. Und drittens wird durch den Massage-Effekt des Wassers, der permanent vorhanden ist, die Durchblutung der Haut und des Bindegewebes angeregt, was Cellulite und Fettpölsterchen zu Leibe rückt. Wenn möglich, sollten Sie dreimal wöchentlich trainieren. Hat das Schwimmbad, in dem Sie üben, eine Sauna? Umso besser! Abwechselndes Schwitzen und kaltes Duschen kurbelt die Durchblutung zusätzlich an. Schneller können Sie den Pölsterchen kaum zu Leibe rücken. Ein weiterer großer Vorteil von Aquafitness: Auch wenn Sie, zum Beispiel im Urlaub, täglich trainieren, werden Ihre Gelenke auf keinen Fall überbeansprucht.

Keine falsche Scham!

Zugegeben: Wenn sich schon mehr als ein paar kleine Pölsterchen auf Bauch, Hüfte und Oberschenkel angesetzt haben, ist es für den einen oder anderen nicht gerade angenehm, sich im Badeanzug in der Öffentlichkeit zu zeigen. Werfen Sie Ihre Hemmungen über Bord! Bedenken Sie, dass gerade unter Wasser niemand mehr Ihre Figur sehen kann. Und es weiß auch niemand, wie hoch Sie Ihr Bein heben können. Nutzen Sie die „Deckung“ des Wassers, um an Ihrem Körper zu arbeiten. Sie werden sehen, sehr schnell zeigt die Waage, dass Sie auf dem richtigen Weg sind. Und bereits nach wenigen Wochen nehmen Sie die Veränderungen beim Blick in den Spiegel wahr.

Übungen für straffe Oberschenkel

Knackige Oberschenkel unter dem Minirock oder einer kurzen Hose machen nicht nur eine gute Figur, sondern erfüllen auch wichtige Aufgaben. Schließlich tragen sie jeden Tag einen großen Teil des Körpergewichts. Die Muskulatur ist gefordert, wenn man Treppen steigt, läuft oder einfach nur steht. Leider sitzen die meisten Menschen – meist berufsbedingt – heutzutage viel zu viel und zu lange und es bilden sich Fettpolster.

Treppen steigen

Stellen Sie sich vor einen Stepper oder eine Stufe. Das Wasser sollte Ihnen mindestens bis zur Hüfte besser bis zur Brust reichen. Halten Sie den Rücken während der gesamten Übung gerade, und achten Sie darauf, dass der Oberkörper ruhig bleibt. Das rechte Bein beginnt. Stellen Sie den rechten Fuß auf die Stufe und dann wieder in die Ausgangsposition ein kleines Stück neben den linken. Das Gewicht bleibt auf dem linken Bein. Nach 30 Wiederholungen ist das linke Bein an der Reihe. Achten Sie wieder darauf, dass stets die ganze Fußsohle aufsetzt. Nach wiederum 30 Wiederholungen ist das rechte Bein an der Reihe. Diesmal verlagern Sie das Gewicht und stemmen den Körper kurz hoch, sodass der linke Fuß nur noch mit dem Ballen den Boden berührt. Wiederholen Sie diese Übung auf jeder Seite 30-mal.

Abfahrtshocke

Stellen Sie sich mit schulterbreit auseinander gestellten Füßen gerade in hüfttiefes Wasser. Die Arme sind gerade nach vorn gestreckt. Tun Sie nun so, als würden Sie sich auf einen nicht vorhandenen Stuhl setzen. Dazu drücken Sie das Gesäß ein wenig nach hinten und beugen die Knie. Die Oberschenkel sollten in der Waagerechten sein. Anschließend wieder aufrichten. Bei dieser Lektion ist es wichtig, dass der Rücken gerade und die Arme ruhig bleiben. Holen Sie die Kraft wirklich aus den Oberschenkeln! Nach zehn Wiederholungen stellen Sie die Füße nur leicht geöffnet nebeneinander und führen nochmals zehn Hockübungen aus. Danach zehnmal mit weit gegrätschten Beinen trainieren.

Ausfallschritt

Nehmen Sie die Grundstellung ein. Die Füße sind etwa hüftbreit auseinander. Vollführen Sie mit rechts einen großen Schritt nach vorn. Der rechte Fuß setzt dabei vollständig auf, zwischen Ober- und Unterschenkel ergibt sich ein rechter Winkel. Vom linken Fuß berührt nur noch der Ballen den Boden. Das linke Knie tippt einmal kurz auf den Beckenboden auf. Nach zehn Wiederholungen wird das linke Bein nach vorn genommen und die Übung für die andere Seite ausgeführt. Dabei berührt das rechte Knie jeweils kurz den Boden. Anschließend wird die Übung auf jeder Seite nochmals zehnmal durchgeführt. Allerdings wechseln Sie nun nach jedem Ausfallschritt das Bein. Halten Sie die Arme während des gesamten Bewegungsablaufs locker zur Seite gestreckt, um mit ihnen balancieren zu können.

Seitheben (13)

Halten Sie sich für die nächste Übung am Beckenrand fest. Wenn Sie stehen können, geht es einfacher. Diese Lektion ist aber auch – mit entsprechender Auftriebshilfe – für Tiefwasser geeignet. Stellen Sie sich seitlich zum Beckenrand, sodass sich der rechte Oberschenkel an der Wand befindet. Mit dem rechten Arm stabilisieren Sie sich. Das linke Bein wird nun gerade gestreckt zur Seite angehoben, das Knie zeigt nach vorn.

Heben Sie es so hoch, wie Sie können, senken Sie es dann wieder ein Stück ab, aber nur so weit, dass die Spannung nicht ganz nachlässt. Nach 15 Durchgängen schließen Sie wieder die Beine, drehen sich herum, sodass sich nun das linke Bein an der Wand befindet. Jetzt 15-mal

(13)

Intensität steigern

Zum Intensivieren dieser Übung können Sie Mini-Fins anlegen. Diese können so ausgerichtet werden, dass die Flügel nach vorn und nach hinten zeigen. Damit wird es Ihnen deutlich schwerer fallen, die Beine zur Seite zu heben. Probieren Sie fünf bis zehn Wiederholungen pro Bein.

das rechte Bein gerade zur Seite strecken. Sorgen Sie dafür, dass der Oberkörper unbewegt aufrecht gehalten wird und die Kraft nur aus den Beinen kommt.

Beinheben

Stellen Sie sich mit dem Rücken zur Wand und heben Sie nun das rechte Bein so hoch Sie können. Der Rücken bleibt gerade, der Fuß ist gestreckt. Beim leichten Absenken winkeln Sie den Fuß an, sodass die Ferse zum Boden zeigt. Wiederholen Sie diese Übung pro Bein 15-mal. Zum Intensivieren benutzen Sie wiederum die Mini-Fins, die Sie jetzt so am Fußgelenk anlegen, dass die Flügel zur Seite stehen, damit sie den Wasserwiderstand verstärken.

Übungen für einen knackigen Po

Haben Sie gewusst, dass das menschliche Gesäß eine große Zahl von Muskeln aufweist, die unter anderem für den aufrechten Gang verantwortlich sind? Es wäre also eine viel zu eingeschränkte Sicht, wenn man nur an die Optik denken würde. Ein wohl geformter Po ist zweifellos schön anzusehen, er entlastet aber auch den Rücken und die Beine und leistet bei der richtigen Haltung wertvolle Dienste.

Fersenpressen (14)

Für diese Übung benötigen Sie ein Hilfsmittel, zum Beispiel ein Schwimmbrett oder eine Poolnudel. Die folgende Anleitung bezieht sich auf die Verwendung einer Poolnudel. Biegen Sie deren Enden zusammen und legen Sie sich so auf den Bauch, dass die beiden Enden unter Ihrer Hüfte sind. Mit den Armen umschlingen Sie die Rundung der Nudel und legen Ihren Kopf auf die Unterarme. Das linke Bein wird sanft hin- und herbewegt, um das Gleichgewicht zu halten. Knicken Sie den rechten Unterschenkel so weit ab, dass ein 90 Gradwinkel entsteht.

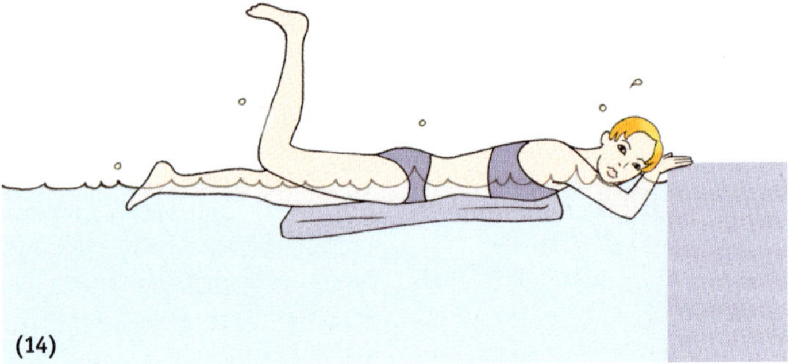

(14)

Heben Sie Knie und Oberschenkel nun etwa zehn Zentimeter in die Höhe. Die Hüfte bleibt auf der Poolnudel liegen, der Rücken ist entspannt. Versuchen Sie, die Kraft wirklich aus dem Gesäß zu holen. Knie und Oberschenkel langsam wieder senken. Nach fünf Wiederholungen ist das linke Bein an der Reihe. Sollten Sie Schmerzen im Rücken spüren, brechen Sie die Übung sofort ab.

Für Profis

Wer bereits eine gut trainierte Pomuskulatur hat, kann das linke Bein gestreckt etwa zwei Zentimeter anheben, während das rechte Bein angewinkelt in die Höhe gedrückt wird. Dazu ist allerdings auch ein sehr guter Gleichgewichtssinn erforderlich. Oder beide Knie und Oberschenkel können gleichzeitig angewinkelt und in die Höhe gehoben werden. Achten Sie immer darauf, dass die Hüften sich nicht bewegen und Ober- und Unterschenkel einen rechten Winkel bilden.

Hocke (15)

Das Wasser sollte Ihnen bei dieser Lektion im Stehen nur etwa bis zum Bauchnabel reichen, weil Sie später tief in die Hocke gehen müssen. Die Füße sind schulterbreit auseinander. Beugen Sie die Knie und drücken Sie gleichzeitig den Po zurück. Es ist die gleiche Bewegung, als wollten Sie sich auf einen Stuhl set-

zen. Achten Sie darauf, dass die Knie nicht vor die Fußspitzen geraten. Gehen Sie so tief, dass die Oberschenkel in der Waagerechten sind. Das Gewicht ist auf den Fersen, die Hände legen Sie auf den Knien ab. Wieder aufrichten und aus dem Schwung heraus das rechte Bein gerade nach hinten strecken.
Anschließend gehen Sie wieder in die Hocke. Nach dem Aufrichten wird jetzt das linke Bein gerade nach hinten gestreckt. Jedes Bein soll zehnmal ausgestreckt werden.

(15)

Standwaage

Gehen Sie in knapp hüfttiefes Wasser. Stellen Sie sich vor den Beckenrand. Nun beugen Sie den Oberkörper so weit nach vorn, dass er mit den Oberschenkeln einen rechten Winkel bildet. Ist die Beckenkante niedrig genug, können Sie sich dort festhalten. Drücken Sie sonst die Hände gegen die Wand, um sich etwas abzustützen. Das linke Bein nun leicht beugen, das rechte Bein heben Sie gestreckt nach hinten, bis es sich in der Waagerechten befindet.
Von dieser Ausgangsposition heben Sie das rechte Bein um etwa fünf Zentimeter an und bringen es anschließend wieder in die Waagerechte. 15-mal wiederholen, dann das Bein absetzen, leicht beugen und das linke Bein nach hinten oben strecken und diese Seite 15-mal trainieren.

Balletttänzer

Nehmen Sie im hüfttiefen Wasser die Grundstellung ein. Sie stehen gerade, die Füße sind schulterbreit geöffnet. Gehen Sie jetzt langsam auf die Zehenspitzen. Am einfachsten geht das, wenn Sie wiederum vor der Beckenwand stehen, sodass Sie sich dort ein

Körperhaltung

Achtung: Gehen Sie nicht ins Hohlkreuz, sondern achten Sie darauf, dass der Rücken in einer Linie bleibt. Bei Po-Übungen ist es besonders wichtig, dass Sie den Bauch stets anspannen. Das stabilisiert den Körper und verhindert, dass der Rücken einen Buckel oder ein Hohlkreuz macht.

wenig festhalten können. Beine, Bauch und Po sind fest angespannt. Spreizen Sie nun das rechte Bein diagonal nach hinten weg. Die Schultern ziehen Sie gleichzeitig nach unten. Der Rücken bleibt gerade, der Körper dreht sich nicht, sondern bleibt frontal zur Wand. Das rechte Bein wieder anziehen aber nicht absetzen und wieder diagonal nach hinten strecken. 15 Wiederholungen, dann wechseln Sie die Seite. Bleiben Sie die ganze Zeit auf Zehenspitzen stehen.

Übung mit Ball I

Mit einem Ball können Sie die eben beschriebene Übung variieren. Nehmen Sie am besten einen Gummiball von 15 bis 20 cm Durchmesser, der zwar flexibel ist, aber sich nicht so stark zusammendrücken lässt wie ein Schaumstoffball. Stellen Sie sich in der Grundstellung vor die Beckenwand. Die Hände liegen zur Stabilisierung an der Wand, die Füße stehen flach auf dem Boden. Legen Sie den Ball nun zwischen die Innenseiten Ihrer Oberschenkel. Spannen Sie Beine, Bauch und Po wieder kräftig an und strecken Sie nun das rechte Bein langsam nach hinten. Der Ball soll zwischen den Oberschenkeln bleiben. Bringen Sie das Bein wieder nach unten und wiederholen Sie das Ganze 15-mal. Dann ist die linke Seite an der Reihe.

Übung mit Ball II

Beginnen Sie in der Grundstellung. Winkeln Sie das rechte Bein so nach hinten an, dass Sie den Ball in die Kniekehle legen und dort halten können. Er sollte locker liegen. Pressen Sie ihn nun mit dem Unterschenkel kraftvoll gegen den Oberschenkel. Wieder lockern, den Ball aber nicht fallen lassen, anschließend wieder pressen. Nachdem Sie den Ball 15-mal gegen den rechten Oberschenkel gedrückt haben, wechseln Sie die Seite. Achten Sie darauf, dass der Rücken stets gerade bleibt.

Übungen für die Brustmuskulatur

Jede Frau möchte eine schöne Brust haben. Die Größe spielt dabei nur eine untergeordnete Rolle. Viel wichtiger ist die Form. Und auch Männer imponieren der Weiblichkeit gern mit einem kräftigen Oberkörper. Auch wer Wurfsportarten betreibt oder ein guter Schwimmer sein möchte benötigt trainierte Brustmuskeln. Und auch zur Entlastung des Rückens ist eine leistungsfähige Brustmuskulatur unerlässlich.

(16)

Wasserboxen nach vorn (16)

Stellen Sie sich in brusttiefes Wasser. Die Arme sollten komplett unter Wasser sein, wenn Sie sie leicht angewinkelt vor dem Körper nach vorn strecken. Die Hände sind aufgestellt, sodass die Handflächen nach vorn zeigen. Nehmen Sie eine Schrittstellung ein. Die Füße sollen etwa hüftbreit geöffnet sein, der linke Fuß steht ca. einen Schritt vor dem rechten. Schieben Sie nun kraftvoll mit der rechten Hand nach vorn, der linke Arm wird gleichzeitig stärker gebeugt. Wechseln Sie anschließend und „boxen" mit der linken Handfläche vor, während Sie den rechten Arm anziehen. Nach acht Wiederholungen mit jeder Seite führen Sie die Boxbewegung mit beiden Armen gleichzeitig ebenfalls achtmal durch.

Mit oder ohne Geräte?

Die folgende Übung kann auch ohne Ball ausgeführt werden, da das Wasser bereits viel Widerstand bietet. Der Ball bzw. Handschuhe erhöhen die Wirksamkeit. Wer ohne Gerät übt, sollte deshalb zum Ausgleich die Zahl der Wiederholungen erhöhen.

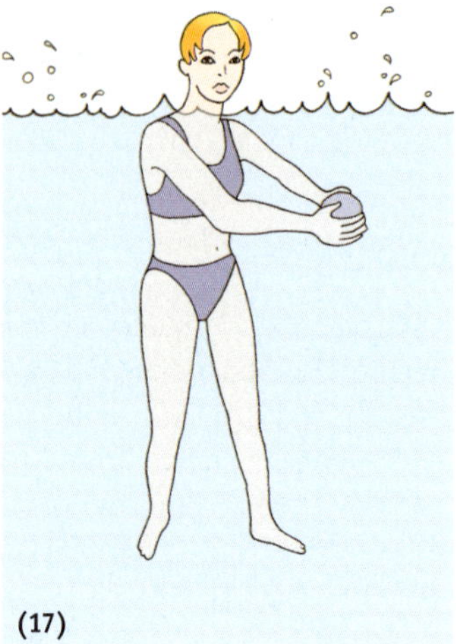

(17)

Wasserdrücken mit Ball (17)

Stellen Sie sich in der Grundstellung auf, das Wasser sollte die Schultern bedecken. Nehmen Sie einen festen Schaumstoffball von etwa 15 cm Durchmesser in die rechte Hand. Die Oberarme winkeln Sie ein Stückchen vom Körper ab, die Ellenbogen sind gebeugt, sodass beide Hände auf Schulterhöhe im Wasser stehen, Handflächen nach vorn. Führen Sie nun die Hände vor dem Körper zusammen. Auch die Ellenbogen sollten Sie so nah wie möglich zusammenführen. Pressen Sie den Ball so stark Sie können zusammen und übergeben ihn anschließend in die linke Hand. Wieder in die Ausgangsposition öffnen, erneut schließen, den Ball zusammendrücken und in die andere Hand wechseln. Die Schultern bleiben dabei immer unten und hinten. Führen Sie zehn Wiederholungen aus, sodass jede Hand den Ball fünfmal gehalten hat.

Übungen für Arme und Schultern

Gut geformte Oberarme und stramme Schultern sind sowohl bei Männern als auch bei Frauen echte Hingucker. Und nicht nur das. Träumen Sie vom Klettersport? Oder möchten Sie sich wenigstens locker an der Beckenkante aus dem Wasser ziehen, sich einmal kräftig aufstützen und dann dem Wasser entsteigen? Dafür brauchen Sie Power in den Armen. Eine trainierte Schultermuskulatur hat zusätzliche Vorteile. In zahlreichen Berufen und auch im Privatleben verbringen viele Menschen in der heutigen Zeit einige Stunden täglich vor dem Computer. Die Folge: Nacken und Schultern sind völlig verspannt. Das hat unangenehme Konsequenzen. Kümmern Sie sich um die vernachlässigten Muskelgruppen, geben Sie Ihren Armen und Schultern den optischen Schliff und beugen Sie schmerzhaften Verspannungen vor.

Schultern

Setzen Sie sich auf eine Stufe oder auf den Stepper. Die Schultern sind im Wasser. Strecken Sie die Hände auf Schulterhöhe nach vorn. Die Arme bleiben dabei leicht gebeugt. Die Hände ballen Sie zu lockeren Fäusten. Ziehen Sie nun die Schulterblätter zusammen. Die Ellenbogen werden dabei nach hinten gezogen, die Fäuste landen seitlich am Bauch. Schieben Sie die Arme wieder nach vorn und wiederholen Sie diese Bewegung 15-mal. Die Schultern dabei tief lassen.

Bizeps

Die folgende Lektion spricht die gesamte Vorderseite der Oberarme an. Nehmen Sie die Grundstellung in schultertiefem Wasser ein. Die Beine sind gut schulterbreit auseinander, die Knie leicht gebeugt. Ballen Sie die Hände zu lockeren Fäusten und spannen Sie die senkrecht nach unten gestreckten Arme an. Die Handrücken liegen jeweils auf dem Oberschenkel. Winkeln Sie den rechten Ellenbogen an und bringen Sie damit die rechte Faust in Richtung rechter Schulter. Während der rechte Arm wieder gestreckt wird, ziehen Sie die linke Faust in Richtung linker Schulter. Wechseln Sie so oft, bis Sie jede Seite 20-mal trainiert haben. Spannen Sie den Bauch dabei stets fest an.

Widerstand steigern

Die Bizeps-Curls können Sie durch Handschuhe oder Aquahanteln intensivieren.

Trizeps (18)

Der Trizeps ist ein Muskel an der Rückseite des Oberarms, den Sie mit folgender Übung trainieren können: Sie stehen im brusttiefen Wasser, die Füße sind hüftbreit geöffnet. Die Arme sind im 45 Grad Winkel schulterbreit vor dem Körper ausgestreckt, die Handflächen zeigen nach hinten. Schieben Sie nun die Arme so weit wie möglich nach hinten, die Schultern bleiben dabei unten. Wiederholen Sie die Übung 15-mal.

(18)

Im Tiefwasser

Versuchen Sie, die sitzenden Übungen im Tiefwasser auf einem Schwimmbrett auszuführen. Damit schulen Sie gleichzeitig Ihren Gleichgewichtssinn. Außerdem bewegen Sie auch die Beine, die sonst unbeteiligt sind, was zusätzlich trainiert und verhindert, dass Sie auskühlen. Wer zu sehr mit Balancehalten beschäftigt ist, sollte zuerst im Flachwasser üben, da er sonst von der eigentlichen Aufgabe abgelenkt wird.

Übungen für einen flachen Bauch

Jede Frau träumt von einem flachen, schönen Bauch, jeder Mann hätte gern das berühmte, durchtrainierte Waschbrett. Ein paar wirkungsvolle Übungseinheiten regelmäßig angewendet bringen Sie Ihrem Ziel ein wenig näher. Eine starke Bauchmuskulatur entlastet erheblich den Rücken, was Ihre Haltung verbessert und damit auch Ihrer Ausstrahlung zugute kommt und Sie obendrein vor Rückenschmerzen schützt.

Beckenkippen im Flachwasser (19)

Stellen Sie sich in brusttiefes Wasser. Die Füße sind gut schulterbreit auseinander, die Knie sind leicht gebeugt. Atmen Sie nun tief ein und spüren Sie, wie der Bauch sich nach vorn wölbt und der Brustkorb sich hebt. Beim Ausatmen spannen Sie die Bauchmuskulatur an und kippen das Becken leicht nach vorn.

Wenn Sie einatmen, werden die Bauchmuskeln wieder locker, und das Becken gleitet wieder in die Ausgangsstellung. Trainieren Sie zehn bis 15-mal.

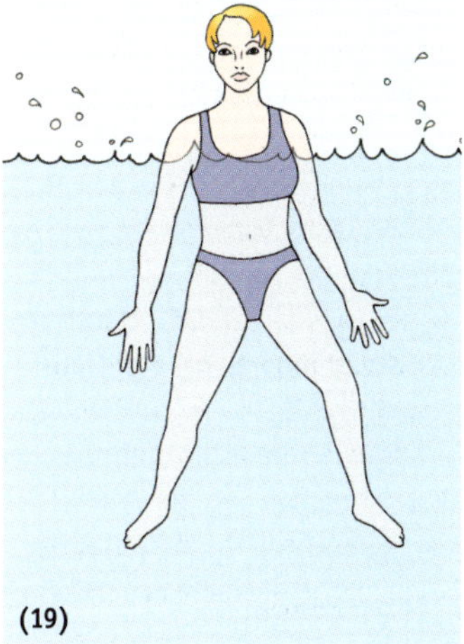

(19)

(20)

Beckenkippen im Tiefwasser (20)

Im Tiefwasser ist dieses Bauchtraining noch effektiver. Legen Sie Wet Vest oder Gürtel an. Sie können zusätzlich eine Poolnudel hinter dem Rücken entlang legen und um die Arme schlingen bzw. in jede Hand eine Aquahantel nehmen. Wichtig ist, dass der Körper senkrecht im Wasser hängt. Auch bei dieser Variante sind die Beine leicht angezogen. Atmen Sie wieder tief ein. Beim Ausatmen wie gewohnt das Becken leicht nach vorn kippen. Die Oberschenkel kommen automatisch ein wenig hoch. Die Kraft soll tatsächlich aus der Bauchmuskulatur kommen. Ziehen Sie nicht einfach die Oberschenkel hoch und machen Sie auch keinen Buckel.

Gewicht drücken (21)

Für diese Übung, die vor allem die seitlichen Bauchmuskeln anspricht, benötigen Sie ein Gerät, zum Beispiel eine Aquahantel oder Disk. Nehmen Sie im brusttiefen Wasser die Grundstellung ein. Die Beine sind gut schulterbreit auseinander. Die Arme hängen locker seitlich am Körper. Legen Sie das Trainingsgerät nun

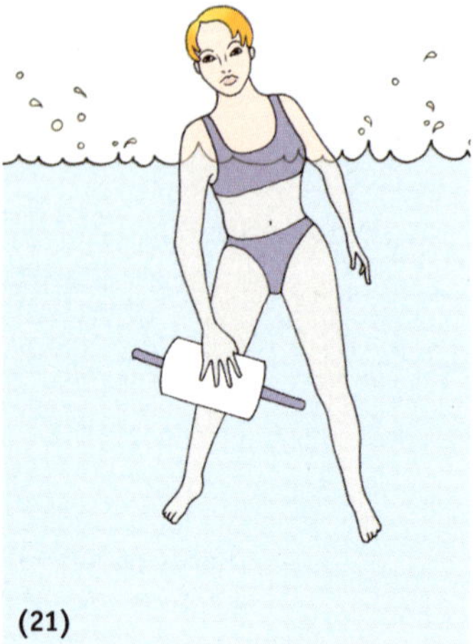

(21)

unter die rechte Hand. Atmen Sie ein. Beim Ausatmen spannen Sie den Bauch an und ziehen mit der Bauchmuskulatur den Oberkörper diagonal nach unten. Die rechte Hand drückt das Gerät in Richtung linke Hüfte.
Beim Einatmen den Bauch locker lassen und wieder aufrichten. Zehnmal wiederholen, dann das Gerät unter die linke Hand legen und die Übung zehnmal mit dieser Seite ausführen.

Sit-ups (22)

Wer eisern regelmäßig seine täglichen Sit-ups macht, kann sicher sein, dass er mit einem wohlgeformten leistungsfähigen Bauch belohnt wird. Sie sind die klassischen Bauchübungen schlechthin und sehr wirkungsvoll, leider werden sie aber häufig falsch ausgeführt. Schwungvolles Auf und Ab zum Beispiel ist wirkungslos. Die Kraft kommt hierbei meist nur aus dem Rücken. Schlimmer noch: Wer falsch trainiert, kann sich Schäden der Wirbelsäule einhandeln. Besonders gefährdet ist der Bereich der Lendenwirbel. Im Wasser ist die Gefahr jedoch minimiert. Nehmen Sie deshalb zwei Poolnudeln und verlegen Sie die Sit-ups unbedingt ins nasse Element. Eine Poolnudel legen Sie um Ihre Schultern. Gehen Sie in die

Bauchmuskelübungen

Wenn Sie die Bauchmuskulatur trainieren, sollte die Pomuskulatur stets fest angespannt sein. Das macht die meisten Übungen leichter und hilft, Fehler zu vermeiden. Wichtig ist die exakte Ausführung. Üben Sie konzentriert und bewusst. Lieber fünf gute Sit-ups als zehn schlechte. Steigern können Sie sich im Lauf der Zeit immer noch.

(22a)

Rückenlage, die Arme sind leicht gebeugt zur Seite ausgestreckt. Die Hände halten jeweils locker ein Ende der Nudel. Die Beine sind gestreckt in der Waagerechten. Unter den Knöcheln der geschlossenen Füße liegt die zweite Poolnudel (22a). Atmen Sie ein. Beim Ausatmen spannen Sie den Bauch fest an und bringen den Oberkörper ein Stück nach oben. Die Beine bleiben möglichst gestreckt (22b). Position einen kurzen Moment halten,

(22b)

dann wieder einatmen und den Oberkörper dabei zurücksinken lassen. Versuchen Sie diese zehnmal zu wiederholen.

Mit Aquafitness mehr Erfolg in „trockenen“ Sportarten

Vielleicht betreiben Sie noch eine andere Sportart, die nichts mit Wasser zu tun hat. Aquafitness bietet Ihnen die Möglichkeit, sich auch in solchen Disziplinen zu verbessern. Wie bereits erwähnt, steigern Sie je nach Programm Ihre Ausdauer, die Beweglichkeit oder auch die Kraft. Auch ein Radfahrer wird deutlich den positiven Effekt spüren, wenn er zweimal pro Woche im Wasser joggt. Ein Tennisspieler lernt, seinen Körper besser zu beherrschen und verbessert seine Schnellkraft, sodass er auch in einer rasanten Spielphase noch den Ball spielen kann, ohne zu stürzen. Egal, um welche Sportart es sich handelt, das Fitnesstraining im Wasser nützt jedem. Entweder als zusätzliche Unterstützung oder als Teil des Trainings. Im Folgenden wurden vier Disziplinen exemplarisch ausgewählt. Sie sollen veranschaulichen, wie man sich im Wasser gezielt auf „seine“ Sportart vorbereiten kann.

Training für Läufer

Die Trainingseinheiten eines Läufers lassen sich im Grunde eins zu eins ins Wasser übertragen, egal, ob es sich um Dehn- oder Kraft-

Individueller Trainingsplan

So stellen Sie Ihr individuelles Programm zusammen, um mehr Erfolg im Sport zu haben:

1. Benötigen Sie eher Kraft oder doch mehr Kondition? Wählen Sie entsprechend Kraftübungen oder dynamisches Ausdauertraining im Wasser.
2. Überlegen Sie, welche Muskeln bei Ihrem Sport am stärksten beansprucht werden. Suchen Sie dafür Dehnübungen und weitere Trainingseinheiten heraus.
3. Denken Sie einmal darüber nach, welche Lektionen Sie im Training an Land absolvieren. Kann man diese auch im Wasser umsetzen?

übungen handelt. Und auch das Laufen selbst kann – nach einer kurzen Gewöhnung – auf vergleichbare Weise geübt werden. Zur Ausführung von Walking oder Jogging ist in diesem Buch schon einiges gesagt worden. An dieser Stelle folgen Anregungen für ein variantenreiches Training, das Spaß macht.

Gehen mit Variationen

Legen Sie Mini-Fins oder Power-Boots an. Marschieren Sie zielstrebig durch das brusttiefe Wasser. Die Arme gehen kraftvoll gegenläufig mit. Gehen Sie immer von einer Seite des Beckens zur anderen. Nach jeder Bahn wechselt die Technik. Für die zweite Bahn setzen Sie die Schöpfarmbewegung ein. Greifen Sie dazu, wenn der linke Fuß vorn ist, mit der rechten Hand nach vorn und schieben Sie das Wasser, während Sie den rechten Arm zurückziehen und der rechte Fuß nach vorn wandert, mit der Hand voller Energie nach hinten. Für die dritte Bahn probieren Sie eine andere Variation für die Arme und bewegen Sie diese während des Vorwärtsgehens wie beim Brustschwimmen. Bei der nächsten Bahn wird die Beinmuskulatur mithilfe des Storchengangs trainiert: Ziehen Sie bei einem Schritt mit links das rechte Knie zum Bauch. Dann mit dem rechten Bein einen Schritt nach vorn gehen und das linke Knie gleichzeitig zum Bauch ziehen. Die Füße sind jeweils gestreckt, sodass die Zehen nach unten zeigen. Auf dem Rückweg ziehen Sie bei einem Schritt mit rechts die linke Ferse zum Po. Jetzt einen Schritt mit links und die rechte Ferse zum Po hochziehen. Die gesamte Kombination aus allen fünf Varianten wiederholen Sie fünfmal hintereinander.

Hüpfen vorwärts (23)

Bestimmt sind Sie als Kind, wenn Sie gute Laune hatten, auch gern auf der Straße gehüpft. Leider traut man sich das als Erwachsener nicht mehr. Dabei macht es Spaß und ist gut für Kondition und Koordination. Es geht los mit einem großen Schritt mit dem rechten Fuß nach vorn. Verlagern Sie das Gewicht auf den rechten Fuß. Nun vollführen Sie noch einen Hüpfer mit rechts, bevor der linke Fuß einen Schritt vor macht. Es soll eine fließende Laufbewegung jeweils mit

(23)

Zwischenhüpfer entstehen. Hüpfen Sie auf diese Weise ruhig zwei Bahnen entlang. Sie werden staunen, wie anstrengend es ist. Die Arme sind seitlich angewinkelt am Körper und gehen in einer Gegenbewegung mit, wie Sie es vom Joggen kennen.

Hüpfen seitwärts

Der gleiche Schritt funktioniert auch seitlich. Die Arme legen Sie am besten eng an den Körper an und benutzen sie höchstens, um die Balance zu halten. Beginnen Sie mit einem Seitschritt mit dem rechten Fuß nach rechts. Es folgt der Zwischenhüpfer. Nun kreuzt das linke vor das rechte Bein. Hüpfen Sie auf diese Weise eine Bahn in jede Richtung. Danach vollführt der rechte Fuß zunächst einen großen Schritt zur Seite. Diesmal kreuzt der linke Fuß nicht, sondern schließt auf. Stellen Sie sich vor, Sie schießen mit links den rechten Fuß weg, sodass dieser den Schwung hat, wiederum einen großen Schritt nach rechts zu vollziehen. Auch von diesen Übungen jeweils eine Bahn pro Richtung und Bein ausführen.

Intervalltraining

Bei dieser Übung geht es darum, die Trainingsreize ständig zu variieren. Das wird erreicht, indem Sie häufig das Tempo wechseln. Ob Sie Mini-Fins oder Power-Boots benutzen wollen, hängt davon ab, wie fit Sie bereits sind. Aqua-Handschuhe erschweren den Ablauf zusätzlich. Auch ohne Hilfsmittel ist dieses Programm jedoch äußerst effektiv. Seine Intensität lässt sich steigern oder senken je nach Wassertiefe. Beginnen Sie wieder mit einer Bahn Walking. Gehen Sie nicht gemütlich, sondern voller Kraft und

Energie. Werden Sie dann schneller. Die zweite Bahn bringen Sie in einem ruhigen Dauerlauf hinter sich, bei dem Sie sich noch problemlos unterhalten könnten. Schalten Sie dann noch einen Gang höher. Sie sollten noch nicht rennen, aber doch zügig joggen. Nach dieser Bahn folgt der Schlusssprint. Laufen Sie so schnell, wie es Ihnen gegen den Wasserwiderstand möglich ist. Es folgt wieder eine Bahn Walken, bei der Sie sich etwas ausruhen können. Am Ende der Übung sollten Sie dreimal in jeder Geschwindigkeit gelaufen sein.

Training für Radfahrer

Das soeben beschriebene Programm für Läufer ist auch für Radfahrer bestens geeignet. Es fördert die Ausdauer und stärkt die Beinmuskulatur. Wie sehr die Bewegungsabläufe einander ähneln, merkt man, wenn man im Tiefwasser trainiert. Beim Laufen werden besonders große Schritte gemacht, beim Radfahren bleiben die Beine dichter am Körper. Trotzdem bringen sie einen ebenfalls vorwärts.

Intensität

Im Tiefwasser sind die genannten Abläufe erheblich schwerer. Dafür werden die Gelenke noch stärker geschont. Spannen Sie kräftig Bauch und Po an. Das hilft, um den Körper in der Vertikalen zu halten. Denken Sie an eine leicht nach vorn geneigte Haltung des Oberkörpers.

Radeln

Sie befinden sich im Tiefwasser, tragen einen Schwimmgürtel und haben keinen Kontakt zum Boden. Die Arme verschränken Sie, wenn Sie können, hinter dem Rücken, die Schulterblätter ziehen Sie nach hinten und unten. Sie können die Arme auch leicht seitlich ausstrecken, um damit zu balancieren. Ziehen Sie nun beide Beine an, bis die Oberschenkel in der Waagerechten sind. Die Knie sind gebeugt, die Füße angezogen. Stellen Sie sich vor, sie säßen auf einem Fahrrad. Der rechte Fuß beginnt und tritt ein imaginäres Pedal nach unten durch. Das Knie wird nicht komplett durchgedrückt. Bevor das geschieht, ziehen Sie den Fuß wieder hoch, bis der Oberschenkel schließlich wieder in der Waagerechten ist. Das linke Bein vollführt exakt die gegenläufigen Bewegungen. Nach vier Bahnen werden die Arme in die Übung mit einbezogen. Während Sie die Beine im gleichen Rhythmus weiterbewegen, betätigen sich die Arme als Schaufelrad.

Rücken schonen

Achtung: Bleiben Sie gerade im Rücken und vor allem locker in den Schultern. Sie sind leicht nach hinten und nach unten gezogen. Führen Sie mit den Beinen die bekannten Radlerbewegungen aus.

Sie sind zu Beginn seitlich am Körper angewinkelt. Die Handflächen zeigen nach unten. Während der linke Fuß nach unten drückt, drückt auch die rechte Hand nach unten. Schaufeln Sie ganz bewusst mit der Handfläche das Wasser nach unten und dann nach hinten. Bewegt sich der rechte Fuß abwärts, drückt entsprechend auch die linke Hand nach unten. Auch auf diese Weise sollten Sie dann noch vier Bahnen radeln.

Radeln mit Gewichten

„Nur" mit den Füßen strampeln und mit den Händen schaufeln ist Ihnen zu wenig? Dann legen Sie doch Mini-Fins oder Power-Boots an und ziehen Sie die Handschuhe über. Sofort erhöhen sich Schwierigkeit und Effektivität immens. Eine andere Möglichkeit ist die Arbeit mit dem Schwimmbrett. Das sollten aber nur diejenigen in Erwägung ziehen, die im Tiefwasser mit auf dem Rücken verschränkten Armen Rad fahren können. Halten Sie das Schwimmbrett einfach hinter dem Rücken fest, sodass es links und rechts vom Körper ein wenig übersteht.

Training für Boxer

Bei Box-Übungen gegen den Sandsack kann man ohne fachliche Anleitung viel falsch machen. Streckt man den Arm zum Beispiel zu schnell oder überdehnt ihn, leidet das Ellenbogengelenk. Beim Aquafitnesstraining ist ein Sandsack, mit dem man Körperkontakt aufnehmen muss, überflüssig, da das Wasser genügend Widerstand bietet, der durch Hilfsmittel noch vergrößert wird.

Einzelne Schläge (24)

Nehmen Sie die Grundhaltung ein. Die Beine sind über schulterbreit gegrätscht, das rechte Bein ist leicht gebeugt, das linke gestreckt. Setzen Sie den rechten Fuß ein Stückchen vor. Beide Füße sind ein wenig nach außen gedreht, die Schultern stehen senkrecht über den Hüften. Die Hände ballen Sie zu lockeren Fäusten, der rechte Unterarm ist schützend vor der Brust verschränkt, der linke seitlich angewinkelt. Das Wasser sollte Ihnen bis zum Hals reichen, damit die Schläge komplett unter der Oberfläche ausgeführt werden. Stellen Sie sich einen Gegner vor, der schräg rechts vor Ihnen steht. Der Schlag wird folgendermaßen gesetzt: Drehen Sie die rechte Faust, bis der Handrücken nach oben zeigt. Strecken Sie den Arm und schieben Sie die Faust kraftvoll vor. Gleichzeitig verlagern Sie das Gewicht auf das rechte Bein. Das rechte Knie darf dabei noch stärker gebeugt werden.

Anschließend in die Ausgangsposition zurückziehen und weitere neun Schläge nach rechts austeilen. Danach gehen Sie wieder in die Grundhaltung. Diesmal ist das linke Bein leicht gebeugt, der linke Fuß steht etwas vorn. Der rechte Unterarm liegt schützend vor der Brust, und Sie schlagen nach links.

Außer den soeben vorgestellten geraden Schlägen gibt es auch noch diagonale Schläge. Sie nehmen noch einmal die Grundhaltung ein. Beide Beine sind leicht gebeugt. Beide Unterarme sind angewinkelt, sodass die Fäuste mit wenig Abstand unter dem Kinn gehalten werden. Schieben Sie die rechte Faust jetzt mit Schwung diagonal nach links vorn. Den rechten Fuß, das

(24)

Knie und die Hüfte drehen Sie dabei so ein, dass die gesamte rechte Körperhälfte die Bewegung des Arms fließend mitmacht. Wieder in die Ausgangsstellung gehen und mit links schlagen. Führen Sie im Wechsel pro Seite zehn Schläge aus.

Löcher ins Wasser boxen

Diese Lektion sollten Sie unbedingt probieren, wenn Sie sich abreagieren wollen. Die Beine sind leicht gebeugt, die Füße schulterbreit auseinander. Die Arme sind in Schutzhaltung vor dem Oberkörper angewinkelt. Schlagen Sie nun abwechselnd mit rechts und links. Stellen Sie sich dabei vor, Sie wollten das Wasser „durchlöchern". Beginnen Sie mit Schlägen nach vorn, dann diagonal zur Seite. Schlagen Sie auch kräftig nach unten in die Tiefe. Achten Sie nur darauf, dass Sie mit dem Rücken keinen Buckel machen. Sie dürfen auch aus dem Wasser nach oben schlagen. Wenn Sie in Ihrer direkten Umgebung in alle Richtungen Schläge verteilt haben, bewegen Sie sich mit kleinen Sprüngen vorwärts. Dazu setzen Sie den rechten Fuß etwas vor. Mit einem Hüpfer, bei dem der linke Fuß über den Boden schleift und der rechte wiederum einen Schritt nach vorn macht, bewegen Sie sich boxend voran.

Deckung nicht vergessen

Vergessen Sie beim Boxen nie die Deckung. Ein Unterarm schützt immer den Brustkorb und an Land auch das Gesicht. Im Wasser dürfen Sie die Deckung des Gesichts vernachlässigen, da es nicht um einen echten Kampf, sondern lediglich um den höchst möglichen Trainingseffekt geht.

Training für Tennisspieler

Auf Sportarten wie Tennis kann man sich ideal im Wasser vorbereiten. Kraft in Armen und Beinen, Ausdauer, Beweglichkeit, Koordination und Schnellkraft – alles ist gefordert. Mithilfe der Aquafitnessübungen kann man all das gleichzeitig trainieren, ohne die Gelenke zu überlasten.

Beinarbeit

Stellen Sie sich ins brusttiefe Wasser. Die Beine stehen gut schulterbreit auseinander, die

Hände sind in die Hüften gestützt. Beugen Sie die Knie ein wenig und spannen Sie Bauch und Po fest an. Beginnen Sie mit einem großen Schritt nach rechts. Ziehen Sie den linken Fuß hinterher, verlagern Sie kurz das Gewicht auf die linke Seite, damit Sie sofort einen weiteren Schritt nach rechts ausführen können. Wieder ziehen Sie den linken Fuß hinterher. Diesmal bleibt das Gewicht jedoch auf dem rechten Fuß und es folgt sofort ein großer Schritt nach links. Stellen Sie sich vor, ein Tennispartner spielt Sie mal sehr weit rechts und beim nächsten Schlag sehr weit links an. Versuchen Sie, so schnell wie möglich von einer Seite auf die andere zu gelangen. Die Beine bleiben während der ganzen Zeit gebeugt. Wechseln Sie zwischenzeitlich nach einem Seitschritt die Richtung. Außerdem können Sie ein wenig mit dem imaginären Feld spielen und diagonal vor „ans Netz" und dann wieder nach hinten gehen.

Vorhandtraining (25)

Nehmen Sie die gleiche Ausgangsstellung ein wie bei der Beinarbeit. Zunächst trainieren

(25)

Sie Ihre Vorhand. Dazu holen Sie Schwung, indem Sie das rechte Bein nach hinten setzen. Verlagern Sie auch das Gewicht auf die rechte Seite. Beide Arme sind seitlich auf Schulterhöhe ausgestreckt. Während Sie das rechte Bein zurücksetzen, drehen Sie auch die rechte Schulter nach hinten. Der Arm macht eine ausholende Bewegung.

Tun Sie so, als sei Ihre Hand der Schläger. Führen Sie den Schlag aus, indem Sie das Gewicht wieder auf den vorderen Fuß verlagern, die rechte Schulter nach vorn schieben und dabei die

Intensität

Um die Intensität beider Übungen zu erhöhen, können Sie erst die Finger spreizen, sodass die Hand mehr Widerstand erzeugt. Später üben Sie dann am besten mit einem Handschuh.

Hand kraftvoll nach vorn drücken. Das rechte Bein bleibt hinten, wird aber nach vorn und leicht nach innen gedreht. Nur die Fußspitze berührt noch den Boden. Wiederholen Sie das Vorhandtraining mit rechts zehnmal und führen Sie es dann mit links aus. Anschließend folgen zehn Wiederholungen im Wechsel.

Rückhandtraining

Die Grundstellung ist wieder die gleiche. Diesmal stellen Sie den rechten Fuß jedoch nach vorn. Der rechte Arm holt ausgestreckt vor der Brust Schwung, die Handfläche zeigt zum Körper. Die linke Schulter ist nach hinten gedreht. Führen Sie nun den Schlag mit dem Handrücken aus. Der Oberkörper dreht sich dabei nach vorn und folgt dem Schwung des Schlagarms. Absolvieren Sie wiederum pro Seite einen zehner Satz und dann einen Satz im Wechsel.

Ab ans Meer

In Naturgewässern ist der Badespaß und die Motivation besonders groß. Und auch Aquafitness ist der pure Genuss, wenn die Wellen rauschen, Möwen schreien und die Luft nach Salz und Algen riecht. Gerade die Luft ist übrigens ein großer Vorteil gegenüber dem Hallenbad. Statt Chlor atmen Sie die unzähligen Mineralien ein, die das Meer an die Luft abgibt. Selbst am Baggersee ist die Umgebung mit Sicherheit gesünder und angenehmer als in einer Schwimmhalle.

Allerdings sind die Trainingsbedingungen naturgemäß etwas schwieriger. Der Boden im Wasser ist uneben, es gibt weder eine Wand, an der man arbeiten kann, noch eine Stange oder Überlaufrinne zum Festhalten. Auch können Wind und Wellen das Training zusätzlich erschweren. Trotzdem können Sie viele Übungen problemlos ausführen. Geübte Schwimmer können am Meer die größere Dichte des Salzwassers nutzen und Tiefwas-

Das gehört in die Sporttasche

- Sonnenschutz ist obligatorisch. Deshalb ist eine wasserfeste Sonnencreme Pflicht.
- Je nach Wetterlage sollten Sie eine Kopfbedeckung einplanen, die Sie ebenfalls vor zu viel Sonne schützt.
- Wenn Sie am Meer üben, wo der Strand sehr hell ist, gehört eine Sonnenbrille unbedingt in die Grundausstattung.
- Am See lauern unter Umständen viele Mücken, nehmen Sie deshalb immer Mückenschutzmittel mit.
- Badeschuhe brauchen Sie auf jeden Fall. Damit beugen Sie Verletzungen vor.

- Überlegen Sie, welche Übungen Sie ausführen wollen. Die Natur bietet keine Stufe oder ähnliches. Sie sollten also eventuell Geräte mitbringen.

serübungen ohne weitere Hilfsmittel ausführen. So haben Sie Abwechslung im Programm und die andere Umgebung sorgt für Kurzweil.

Übungen im Sand

Sowohl am Meer als auch an manchen Seen bietet die Natur Ihnen ein „Trainingsgerät", das – ähnlich dem Wasser – Widerstand leistet und Spaß macht: Sand. Ob trocken oder nass, ob feinkörnig oder grob, mit Sand lässt sich prima trainieren. Stellen Sie sicher, dass der Strand sauber ist und keine Scherben oder sonstiger Abfall herumliegen, da dies eine Verletzungsgefahr bedeutet. Wenn Sie Angst haben, dass Sie doch mal auf ein spitzes Steinchen oder kaputtes Glas stoßen könnten, ziehen Sie für das Training einfach Schuhe bzw. Handschuhe an.

Oberschenkelinnen- und -außenseite

Stellen Sie sich aufrecht in den Sand. Die Füße sind knapp hüftbreit auseinander und leicht eingegraben, die Knie sind etwas gebeugt. Po und Bauch anspannen. Stützen Sie die Hände in die Hüften. Sie werden merken, dass es manchmal gar nicht so leicht ist, das Gleichgewicht zu halten. Sie können die Arme auch seitlich ausstrecken, um damit zu balancieren. Das rechte Bein beginnt. Schieben Sie mit dem rechten Fuß den Sand nach rechts weg, bis das Bein durchgestreckt ist. Heben Sie den Fuß kurz an, beugen Sie das linke Knie etwas tiefer, sodass Sie den rechten Fuß über den entstandenen Sandhaufen setzen können. Ziehen Sie nun den Fuß wieder in die Ausgangsstellung, die Fußinnenseite verteilt dabei den Sand wieder an seinen alten Platz. Wiederholen Sie das zehnmal. Schieben Sie dann mit dem linken Fuß den Sand nach links.

Oberschenkelvorder- und -rückseite

Beginnen Sie wieder mit rechts. Aus der geraden Ausgangsposition schiebt der rechte Fuß nach vorn, bis das Bein fast ganz gestreckt ist, das linke Bein bleibt leicht gebeugt. Heben Sie den rechten Fuß etwas an, drücken Sie das Bein nicht ganz durch und setzen Sie die Ferse vor dem entstandenen Sandhäufchen ab. Versuchen Sie dann, den Sand wieder zu sich heranzuziehen. Setzen Sie die Bewegung fort, indem Sie den Fuß, die Ferse voraus, nach hinten schieben. Beide Beine sind dabei gebeugt. Heben Sie den rechten Fuß wieder an, strecken Sie ihn und setzen Sie die Zehen hinter dem Sandberg auf. Jetzt ziehen Sie mit den Zehen Sand zu sich heran. Wiederholen Sie zehn Sätze mit rechts, bevor Sie den Ablauf mit links üben.

Hüfte

Um die Beweglichkeit Ihrer Hüften zu schulen, ziehen Sie Halbkreise mit den Füßen. Sie beginnen mit dem rechten Fuß, der so weit nach vorn geschoben wird, bis das Bein gestreckt ist. Führen Sie ihn jetzt zur Seite und nach hinten, bis er zunächst auf der Höhe des linken Fußes ist. Schieben Sie ihn dann weiter, bis das rechte Bein nach hinten ausgestreckt ist. Zum Schluss ziehen Sie

Intensität

Um die Übungsintensität zu erhöhen, können Sie den Fuß tiefer in den Sand graben. Versuchen Sie, ihn auch in der Bewegung tief im Sand zu lassen. Außerdem können Sie das Standbein tiefer beugen. Erstens wird es so ebenfalls beansprucht, zweitens kann das Bein, das gerade die Bewegungen ausführt, den Sand dadurch weiter nach vorn, zur Seite oder nach hinten schieben.

den Fuß wieder in die Startposition zurück. Jetzt ist das linke Bein an der Reihe. Trainieren Sie immer im Wechsel. Jede Seite beschreibt zehnmal einen Halbkreis.

Arme

Legen Sie sich auf den Bauch. Stützen Sie sich auf die Unterarme, die Ellenbogen sind auf Schulterhöhe schulterbreit auseinander. Verlagern Sie Ihr Gewicht auf den linken Arm. Drücken Sie nun mit dem rechten Handballen den Sand von sich weg nach vorn. Strecken Sie den Arm, greifen Sie mit den Fingern hinter den entstandenen Sandberg und ziehen Sie ihn in Ihre Richtung. Anschließend verlagern Sie das Gewicht auf den rechten Unterarm und führen die Übung mit links aus. Jede Seite zehnmal trainieren.
Danach malen Sie mit den Händen Viertelkreise in den Sand. Das Gewicht liegt auf dem linken Unterarm. Schieben Sie mit dem rechten Handballen den Sand nach vorn. Strecken Sie die Hand aus und drücken Sie die gesamte Handfläche in den Sand. Die Hand beschreibt einen weiten Kreis nach rechts, aber nur so weit, bis der Arm waagerecht ausgestreckt ist. Die Hand zum Körper ziehen und in die Ausgangslage strecken. Nach zehn Wiederholungen werden die Übungen mit dem linken Arm ausgeführt.

Engel

Legen Sie sich auf den Rücken. Die Beine sind geschlossen ausgestreckt, die Arme liegen am Körper. Spannen Sie Bauch und Gesäß an und öffnen Sie die Beine zu einer großen Grätsche. Gleichzeitig schieben Sie die Hände im weiten Bogen zur Seite und dann nach oben in Richtung Kopf. Die Handflächen drücken bewusst auf den Boden und schieben Sand weg. Ebenso sind die Fersen in den Boden gedrückt. Sind die Hände so weit oben, wie es Ihnen möglich ist, und haben Sie die maximale Grätsche erreicht, schieben Sie Hände und Füße im großen Bogen wieder zurück. Arme und Beine bleiben dabei durchgehend gestreckt.

Spiel mit der Wasserkante

Ist das Wasser am Rand eines Sees sehr flach oder liegt das Meer ruhig wie ein Spiegel, können Sie ein paar Übungen ausprobieren, die Sie sonst auf dem Trockenen absolvieren. Liegestütze oder Sit-ups sind auf dem weichen Untergrund wesentlich angenehmer als auf den harten Fliesen eines Schwimmbeckens. Für die Sit-ups legen Sie sich so ins Wasser, dass der Kopf auf dem Trockenen ist, die Füße ragen in die Fluten. Ebenso praktizieren Sie Ihre Liegestütze. Die Füße stehen im Wasser, die Hände stützen sich auf den nassen Sand und werden höchstens ab und zu vom Wasser umspült.

Auch alle Übungen, die mit dem

„Vierfüßlerstand" beginnen, lassen sich hier trainieren. Ist das Wasser sehr ruhig, können Sie so weit hineingehen, dass der Rücken zumindest größtenteils ins Nass eintaucht. Halten Sie den Kopf hoch, aber achten Sie darauf, sich dabei nicht zu verspannen. Eine schöne Balanceübung, die gleichzeitig den Rücken, Arme und Beine stärkt, ist folgende: Sie stehen im „Vierfüßlerstand". Heben Sie den rechten Arm und das linke Bein und strecken Sie beide gerade aus. Arm und Bein sollten mit dem Rücken eine Linie bilden und auf keinen Fall höher gereckt werden. Bauch und Po sind fest angespannt. Halten Sie diese Stellung einige Sekunden, setzen Sie Hand und Knie wieder auf den Boden und strecken Sie den linken Arm und das rechte Bein aus. Legen Sie nach zehn Wechseln eine kleine Pause ein, schütteln Sie die Extremitäten kurz aus und nehmen Sie wieder den Vierfüßlerstand ein. Diesmal strecken Sie den rechten Arm zusammen mit dem rechten Bein. Absetzen und dann linkes Bein mit linkem Arm strecken. Wenn Sie die Hand und das Knie, die gerade am Boden sind, etwas in den Sand graben, fällt es leichter, die Balance zu halten.

Spiel mit der Brandung

Das Meer ist nur selten ruhig und glatt. Häufig rollen die Wellen mit viel Kraft an den Strand. Nutzen Sie diese Energie, um daran Ihre Muskeln zu trainieren. Tun Sie Ihrer Gesundheit gleichzeitig etwas Gutes, indem Sie tief die Meeresluft einatmen. Je stärker die Brandung ist, desto mehr Mineralien werden an die Luft abgegeben. Sie sind gut für die gesamten Atemwege.

Passives Training

Die Wucht der Wellen sorgt dafür, dass Ihre Muskeln selbst dann arbeiten, wenn Sie „nur" in der Brandung stehen und ihr standhalten. Beginnen Sie genau damit. Stellen Sie sich so weit ins Wasser, dass es Ihnen etwa bis zum Bauchnabel reicht. Rollt eine Welle heran, werden Sie bis hinauf zu den Schultern nass. Zieht sich eine Welle zurück, so sind möglicherweise nur noch Ihre Oberschenkel bedeckt. Probieren Sie aus, welche Tiefe Ihnen am meisten zusagt. Stellen Sie sich aufrecht hin, die Füße

Strömung und Wasserkraft

Achtung: Gehen Sie nur in die Brandung, wenn Sie ein guter Schwimmer sind. Überschätzen Sie Ihre eigenen Kräfte nicht. Wenn Sie müde werden, hören Sie sofort auf und gehen aus dem Wasser. Unterschätzen Sie gleichzeitig die Kraft des Meeres nicht. Die Strömung kann so stark sein, dass sie Ihnen die Beine wegzieht. Wird vor dem Baden gewarnt, nehmen Sie das unbedingt ernst und bleiben an Land. Vergessen Sie nie: Auch im relativ flachen Wasser kann man ertrinken!

sind gut schulterbreit auseinander, die Arme sind zur Seite ausgestreckt. Spannen Sie Gesäß und Bauch fest an und graben Sie Ihre Füße in den Sand ein. So kippen Sie nicht so leicht um. Ihr Blick ist auf das Meer gerichtet, damit Sie sehen, wann eine Welle kommt. Rollt die Welle heran, beugen Sie den Oberkörper ganz wenig nach vorn und bilden Sie ein leichtes Hohlkreuz. Bleiben Sie einige Zeit in dieser Position stehen und trotzen Sie den Wogen, die auf Sie zukommen. Wenn Sie ein sicheres Gefühl für die Brandung entwickelt haben, können Sie einen Fuß nach vorn stellen und den Körper diagonal zur Welle drehen. Oder probieren Sie, wie weit Sie die Füße grätschen können, ohne dass die Kraft des Meeres Sie umstößt.

Drehen Sie jetzt dem Meer den Rücken zu. Nehmen Sie die gleiche Haltung ein wie zuvor, nur dass Ihr Blick diesmal zum Strand geht. Wenn Sie hören, dass eine Welle anrollt, spannen Sie den Bauch an und halten Sie den Rücken bewusst gerade. Halten Sie die Arme zunächst seitlich am Körper leicht angewinkelt. Die Unterarme zeigen nach vorn. Später können Sie probeweise die Arme seitlich ausstrecken. Sie werden merken, dass nun auch die Unterarme dem Meer Widerstand bieten. Es dürfte spürbar schwerer werden, stehen zu bleiben.

Aktives Training

Toben Sie sich nun einmal aus wie ein Kind. Gehen Sie, wenn Sie ein guter und sicherer Schwimmer sind, so weit ins Meer hinein, dass Sie gerade

Sicherheit in der Brandung

Vorsicht: Stehen Ihre Füße in der Brandung lange an einem Fleck, versinken Sie automatisch tiefer und tiefer im Sand. Das gibt zwar einen festen Stand. Verlieren Sie aber doch einmal das Gleichgewicht, sollten Sie stets in der Lage sein, einen Schritt zu machen, der Sie vor einem Sturz bewahrt.

noch stehen können. Drehen Sie sich nun wieder mit der Blickrichtung zum Strand. Wenn eine Welle kommt, leisten Sie ihr beim aktiven Training keinen Widerstand. Springen Sie stattdessen hoch, werfen Sie den Oberkörper nach vorn, ziehen Sie die Beine hoch und strecken Sie sie nach hinten aus. Mit den Armen können Sie Brustschwimmbewegungen ausführen oder einfach nur das Gleichgewicht ausbalancieren. Lassen Sie sich treiben, bis Sie merken, dass das Wasser wieder zum Meer zieht. Stellen Sie sich hin und springen Sie in die nächste Welle. Auf diese Weise lassen Sie sich ans Ufer spülen. Anschließend gehen Sie zurück in das tiefe Wasser. Dabei können Sie die Knie bewusst anziehen oder die Fersen bei jedem Schritt zum Gesäß bringen.

Natürlich können Sie auch aktiv gegen die Wellen arbeiten. Sie beginnen im hüfttiefen Wasser und schauen auf das Meer. Führen Sie die gleiche Bewegung aus wie zuvor. Springen Sie, wenn die Welle kommt, hoch und bringen Sie Ihren Körper in Brustschwimmhaltung. Versuchen Sie sich einfach nur auf der Woge zu halten oder bewegen Sie sich durch einen kräftigen Schwimmzug sogar gegen die Wellenrichtung voran. Sollten Sie so weit in tiefes Wasser gelangen, dass Sie kaum noch stehen können, lassen Sie sich auf dem Rücken wieder in hüfttiefe Regionen treiben.

Die Entspannung danach

Ebenso wichtig wie das Aufwärmtraining ist die Entspannung, die sich der körperlichen Anstrengung anschließen sollte. Nach einem kräftezehrenden Workout sollten die Muskeln und Sehnen noch einmal kurz gedehnt werden. Dann folgt das Relax-Programm, damit Körper und Geist zur Ruhe kommen. In unserer hektischen Zeit müssen viele Menschen lernen, überhaupt wieder zu sich zu kommen. Neben Autogenem Training oder Yoga sind Entspannungsprogramme im Wasser hierfür sehr gut geeignet. Bei den folgenden Übungen ist es immer wichtig, bewusst und tief zu atmen.

Übungen allein

Schwerelosigkeit

Legen Sie eine Poolnudel unter Nacken und Arme. Lehnen Sie den Kopf vorsichtig an, sodass der Nacken- und Schulterbereich locker und entspannt ist. Bauch, Po und Beine dagegen sollten eine ganz leichte Grundspannung halten. Schlagen Sie mit den Beinen sanft im Wasser. Durch die Bewegung und die Körperspannung liegen Sie flach auf dem Wasser. Schließen Sie die Augen und lassen Sie sich vom Beinschlag langsam durch das Becken treiben. Bewegen Sie die Beine zwischendurch seitlich, um sich um die eigene Achse zu drehen. Hektische schnelle Bewegungen sind verboten. Agieren Sie langsam und ruhig sodass Sie sich nur ganz allmählich einmal um sich selbst drehen. Wenn Sie eine zweite Poolnudel zur Hand haben, legen Sie sich diese unter die Kniekehlen. Sie können aber auch einfach die Füße auf der Beckenkante ablegen. Nun brauchen Sie sich gar nicht mehr bewegen. Eine leichte Anspannung von Po und Bauch sollten genügen, um Sie nahezu schwerelos an der Oberfläche ruhen zu lassen.

Spüren Sie ganz bewusst, wie das Wasser Ihre Beine umspült, fühlen Sie wie Rücken, Bauch, Gesäß und Nacken Kontakt zu dem seidigen

Entspannende Wärme

Denken Sie stets daran, dass ausgiebige Relax-Einheiten in sehr warmem Wasser von etwa 33 Grad durchgeführt werden sollten. Der Körper kühlt sonst zu schnell aus, die Muskeln verkrampfen sich und der gewünschte Effekt kann nicht erzielt werden. Legen Sie sich auch ein warmes Handtuch oder einen Bademantel bereit, um sich nach der Entspannung sofort warm einpacken zu können.

Element haben. Konzentrieren Sie sich auch auf Ihre Arme und Hände. Fühlen Sie wie das Wasser zwischen den Fingern hindurchfließt. Halten Sie die Augen die ganze Zeit geschlossen. Spüren Sie in Ihren Körper hinein. Wie fühlt er sich an? Nehmen Sie bewusst das Schaukeln wahr, das vom Wasser erzeugt wird. Und jetzt richten Sie Ihre Aufmerksamkeit einmal auf die Geräusche. Hören Sie auf das Glucksen und Plätschern des Wassers. Horchen Sie aber auch auf den eigenen Atem.

Beine kippen

Bleiben Sie auf zwei Poolnudeln liegen bzw. lassen Sie die Füße auf dem Beckenrand, während Ihr Oberkörper von einer Poolnudel getragen wird. Ziehen Sie das Gesäß nun in Richtung Ihrer Füße, indem Sie die Knie anwinkeln. Die Beine sind nun aufgestellt. Kippen Sie die Knie jetzt ganz langsam auf die rechte Seite, bis sie entspannt an der Wasseroberfläche liegen können. Halten Sie diese Position eine Weile. Atmen Sie tief ein und aus. Stellen Sie die Füße langsam wieder auf, und kippen Sie die Knie anschließend auf die linke Seite. Halten Sie auch diese Position für einige Momente. Jetzt stellen Sie die Füße wieder auf und strecken die Beine durch. Wiederholen Sie das Ganze fünfmal.

Kugel

Die nächste Übung sollten Sie nur in Ihr Entspannungsprogramm einbauen, wenn Sie zwei Poolnudeln oder eine Nudel und ein Schwimmbrett zur Verfügung haben. Mit einer Nudel stützen Sie wiederum Kopf und Nacken. Ihre Arme liegen locker darauf. Die andere Poolnudel liegt unter Ihrem unteren Wirbelbereich. Spannen Sie den Körper etwas an, damit Sie flach an der Wasseroberfläche liegen. Ziehen Sie nun die Füße an und die Knie anschließend zum Bauch. Lösen Sie, wenn Sie können, vorsichtig einen Arm von der Poolnudel und legen Sie ihn um die Knie. Atmen Sie tief ein. Beim Ausatmen drücken Sie die Knie leicht an den Bauch. Atmen Sie mehrmals bewusst und mit leichtem Druck, legen Sie den Arm dann wieder seitlich ab und strecken Sie die Beine aus.

Träumen

Für die nächste Lektion können Sie wieder die Poolnudel benutzen. Ein Schwimmbrett oder ein großer Schaumstoffball sind ebenfalls geeignet. Legen Sie sich das jeweilige Gerät unter den Brustkorb. Verschränken Sie die Arme und legen das Kinn darauf ab. Wichtig ist, dass der Schulter- und Nackenbereich nicht angespannt ist. Spannen Sie dagegen Bauch und Po und bringen Sie die Beine in eine möglichst waagerechte Position. Durch ganz leichten Beinschlag halten Sie sich flach an der Oberfläche. Träumen Sie mit offenen Augen. Beobachten Sie die Lichtreflexe im Wasser, nehmen Sie wahr, wie sich der Untergrund farblich verändert, wenn kleine Wellen das nasse Element bewegen.

Schaukeln und drehen

Lassen Sie beide Beine in Richtung Boden sinken. Stellen Sie sich vor, Ihre Beine wären eine einzige Schwanzflosse. Bewegen Sie sie nach oben und dann langsam wieder in die Tiefe. Der Oberkörper wird dabei leicht nach vorn gedrückt und dann wieder etwas zurückgezogen. Es soll eine fließende Bewegung entstehen. Beim Anheben der Beine strecken Sie den Po etwas aus. Er führt quasi die Bewegung an. Zum Absenken der Beine winkeln Sie die Knie leicht an. Sie sind es, die die „Flosse“ nach unten ziehen.

Abtauchen

Diese Übung kommt völlig ohne Hilfsmittel aus. Legen Sie sich im tiefen Wasser auf den Rücken. Durch Anspannen des Körpers, leichten Beinschlag und kleine Hin- und Herbewegungen der Arme kommen Sie zunächst zur Ruhe. Holen Sie jetzt tief Luft und halten Sie den Atem an. Stellen Sie die Bewegungen von Armen und Beinen ein, lassen Sie alle Luft aus den Lungen entweichen und sich unter Wasser sacken. Drehen Sie sich dann seitlich wie eine Schiffsschraube langsam um die eigene Achse. Sollten Sie nur eine Umdrehung schaffen, bevor Sie zum Atemholen wieder auftauchen müssen, ist das vollkommen in Ordnung. Um an die Oberfläche zu kommen, führen Sie beide Arme seitlich ausgestreckt einmal kräftig von oben nach unten. Unterstützen Sie den Schwimmzug mit etwas Beinschlag.

Ausatmen

Stellen Sie sich ins schultertiefe Wasser. Die Beine sind schulterbreit auseinander, die Knie leicht gebeugt. Die Arme strecken Sie waagerecht vor dem Körper nach vorn. Die Handflächen zeigen nach oben. Atmen Sie tief ein. Dabei gehen Sie auf die Zehenspitzen und öffnen die Arme zur Seite. Beim Ausatmen die Arme wieder vor dem Körper zusammenbringen und auf den ganzen Fuß stellen. Wiederholen Sie das zehnmal.
Dann folgt eine Variation. Hierzu nehmen Sie wieder die Ausgangsposition ein. Die Arme sind diesmal allerdings vor dem Körper nach unten gestreckt und bilden einen Kreis. Die Handflächen zeigen wieder nach oben, die Fingerspitzen berühren sich. Beim Einatmen werden die Arme bei dieser Variante zur Seite und

Keine Ablenkung

Achten Sie bei Entspannungsübungen immer darauf, dass Sie viel Platz um sich herum haben. Zum einen ist es unangenehm, wenn Sie andere Badende belästigen. Zum anderen gelingt die Entspannung nicht, wenn Sie ständig aufpassen müssen oder von anderen Schwimmern gestört werden.

dann nach oben gebracht, sodass sie einen Kreis beschrieben haben. Sie enden ausgestreckt über dem Kopf, die Handflächen zeigen nach unten. Während des Ausatmens beschreiben die Arme den gleichen Kreis in anderer Richtung. Vergessen Sie nicht, auf die Zehenspitzen zu gehen, wenn der Atem in Ihre Lungen fließt.

Armpendeln

Das Pendeln mit den Armen kann einen fast meditativen Charakter bekommen, wenn Sie dabei die Augen schließen. Nehmen Sie die Ausgangsposition ein. Die Beine sind schulterbreit auseinander, die Knie leicht gebeugt. Die Arme hängen diesmal locker nach unten, die Hände liegen an den Oberschenkeln. Bewegen Sie Ihre Arme wie das Pendel einer Uhr langsam hin und her. Zunächst werden beide zur rechten Seite, wieder nach unten und zur linken Seite geführt. Strecken Sie die Arme nie ganz durch, und wenden Sie für die Bewegung auch nur so wenig Energie auf wie nötig. Es soll ein gleichmäßiger entspannender Ablauf entstehen statt einer Kraftübung.

Körperwiegen

Bleiben Sie im schultertiefen Wasser stehen. Die Füße sind nur knapp hüftbreit auseinander. Stellen Sie einen Fuß vor, sodass Sie einen sicheren Stand haben. Strecken Sie die Arme zur Seite aus, die Handflächen zeigen nach vorn. Lehnen Sie sich beim Einatmen zurück, als ob Sie sich auf die Wasseroberfläche legen wollten. Die Arme öffnen sich noch weiter nach hinten, der Kopf fällt locker zurück. Das Gewicht ist auf dem hinteren Bein. Beim Ausatmen verlagern Sie das Gewicht nach vorn. Die Arme werden in einer ausholenden Bewegung vor den Körper gestreckt, bis die Handflächen aneinander liegen. Der Oberkörper ist zum Schluss leicht nach vorn geneigt, der Kopf sitzt gerade und locker auf den entspannten Schultern. Atmen Sie wieder kräftig ein, verlagern Sie das Gewicht nach hinten und öffnen Sie die Arme. Während einiger Atemzüge wiederholen.

Übungen zu zweit

Partnerentspannungsübungen haben große Vorteile. Zum einen kommen Sie dabei mit weniger

Hilfsmitteln aus. Die Arme des Partners ersetzen leicht die Poolnudel oder das Schwimmbrett. Zum anderen können Sie das Gefühl des Treibens genießen, ohne sich selbst bewegen zu müssen. Außerdem ist es angenehm, wenn jemand ein wachsames Auge auf Sie hat. Er verhindert, dass Sie gegen den Beckenrand stoßen oder mit einer anderen Person im Wasser kollidieren.

Schweben

Beginnen Sie damit, sich einfach mithilfe des Partners auf dem Wasser treiben zu lassen. Ob Sie Arme und Nacken auf eine Poolnudel legen und nur die Beine vom Partner halten lassen wollen oder ob der Partner sich seitlich von Ihnen hinstellen und mit jeweils einem Arm sowohl den unteren Wirbelbereich als auch Schulter und Nacken stützen soll, hängt davon ab, ob Ihnen ein Trainingsgerät zur Verfügung steht. Die Entscheidung wird sicherlich auch abhängig davon getroffen, wie groß die Vertrautheit miteinander ist. Lassen Sie sich langsam durch das Wasser schieben und ziehen und entspannen Sie sich.

Verhaltensregeln für den Übungspartner

- Fassen Sie den Übenden sanft an.
- Ihre Bewegungen sollen langsam und ruhig sein.
- Widmen Sie der Übung Ihre volle Konzentration, damit nichts passiert, und der Partner das Vertrauen verliert.
- Wärmen Sie sich vor Beginn auf. Besonders Ihre Hände sollen sich angenehm warm anfühlen.
- Sagen Sie an, wenn Sie eine neue Übung beginnen. Sprechen Sie ruhig und ein wenig gedämpft.

Welle

Sie treiben auf dem Wasser. Ihr Partner bewegt Ihre Unterschenkel und damit Ihren Körper leicht nach rechts und dann nach links. Ihre Füße bleiben an einer Stelle, der gesamte Körper sollte locker sein. Vielleicht fällt Ihnen diese Übung leichter, wenn Sie eine Wet Vest oder einen Aquagürtel tragen. Sie brauchen sich dann nicht anzuspannen, um flach an der Oberfläche zu treiben. Durch die fließende Hin- und Herbewegung und die Verzögerung – wenn die Schulter dem sanften Druck nach links folgt, werden die Beine bereits wieder nach rechts geschoben – entsteht im Körper eine Wellenbewegung.

Drehung

Tragen Sie eine Weste oder einen Gürtel oder stützen Sie Arme und Nacken durch eine Poolnudel. Ihr Partner steht rechts neben Ihnen und legt einen Arm unter Ihren Rücken, den anderen unter Ihre rechte Kniekehle. Das linke Bein treibt locker ausgestreckt im Wasser. Nun dreht sich Ihr Helfer rückwärts um seine Achse und zieht Sie dadurch ebenfalls im Kreis herum. Lassen Sie das linke Bein ganz locker und versuchen Sie nicht, gegen den Wasserwiderstand zu drücken. Nach einiger Zeit wechselt Ihr Partner auf die linke Seite, hält die linke Kniekehle, und Sie lassen beim Drehen das rechte Bein locker durch das Becken gleiten.

Die Wiege

Sie sollten diese Übung nur mit jemandem ausführen, dem Sie sehr nahe stehen und den Sie körperlich nah an sich heranlassen. Hilfsmittel werden nicht benötigt. Es ist ausschließlich Ihr Partner, der Sie trägt. Er stellt sich in das schultertiefe Wasser und streckt seine beiden Arme nach vorn. Sie legen sich auf die Arme, sodass ein Arm unter Ihrem Nacken, der andere unter Ihren Kniekehlen ist. Ziehen Sie nun die Beine an und drehen Sie sich etwas auf die Seite, den Rücken zu Ihrem Partner gerichtet. Stellen Sie sich vor, Sie lägen in der Embryonallage im Bett. Ihr innerer Arm liegt locker auf dem Körper, der äußere treibt entspannt flach im Wasser. Nun beginnt Ihr Helfer,

Wassertiefe

Liegende Entspannungsübungen sollten Sie, wenn Sie ein sicherer Schwimmer sind, immer im Tiefwasser absolvieren. Sind Sie eher unsicher im nassen Element, tragen Sie eine Weste oder einen Gürtel. Partnerübungen werden im Flachwasser durchgeführt. Sie übernehmen die Rolle des Passiven. Der Aktive wählt die Beckentiefe. Er sollte bis zu den Schultern im Wasser stehen. So hilft ihm der Auftrieb beim Tragen. Außerdem werden auch seine Gelenke und Muskeln geschont.

Sie sanft zu wiegen. Dafür schiebt er zunächst mit den Beinen den Körper etwas aus dem Wasser heraus. Anschließend senkt er den Oberkörper wieder ab, bis der Hinterkopf auf dem Wasser liegt, Füße und Knie schauen jetzt ein bisschen aus dem Wasser. In dieser Art wiegt der Partner Sie eine Weile hin und her.

Aquafitness für spezielle Zielgruppen

In einigen Bädern werden Kurse für ganz spezielle Zielgruppen angeboten. Es gibt zum Beispiel spielerische Wassergewöhnung für Kinder, Schwangerschaftsgymnastik oder Programme für Senioren. Im Folgenden wird kurz darauf eingegangen, warum für diese Zielgruppen die Bewegung im Wasser so vorteilhaft ist. Außerdem erfahren Sie, worauf Sie bei der Wahl eines Kurses achten sollten.

Kinderprogramme

Kinder haben naturgemäß einen großen Bewegungsdrang. Im Wasser können sie ihn ausleben, ohne dass die im Wachstum befindlichen Knochen zu stark belastet werden. Selbst wenn es

Kurse für Kinder – darauf sollten Sie achten

- Stellen Sie sicher, dass Fachpersonal den Kurs leitet. Das heißt, eine pädagogische Ausbildung sowie Fortbildung in verschiedenen Aquafitness-Disziplinen sind ein Muss.
- Beachten Sie die Gruppengröße! Dabei ist es wichtig, dass jedes Kind im Becken genug Platz hat. Außerdem sollte der Übungsleiter noch in der Lage sein, auf jedes Kind einzugehen.
- Nehmen Sie als Beobachter an einer Stunde teil. Wechseln die Übungen häufig? Das ist wichtig. Kinder wollen ständig neue Reize, sonst langweilen sie sich und beschäftigen sich mit etwas anderem.
- Der Ablauf sollte spielerisch gestaltet sein. Es ist wichtig, dass sich schwierige Übungen mit solchen abwechseln, bei denen die Teilnehmer sich austoben können.

mal wilder zugeht, ist die Verletzungsgefahr längst nicht so groß wie auf dem Trockenen. Gerade in der Entwicklungsphase ist es sinnvoll, wenn Konzentration, Koordination, Beweglichkeit und Gleichgewichtssinn geschult werden. All dies leistet Aquafitness. Auch die Förderung der Ausdauer ist nicht zu vernachlässigen. Viele Kinder neigen in der heutigen Zeit zu Übergewicht und Bewegungsmangel. Das entspricht eigentlich nicht der Natur der jungen Menschen, wird aber durch „bequeme Verlockungen“ wie Fernseher, Computer oder Videospiele gefördert.

Seniorenprogramme

Im Alter wollen einige Muskeln und Gelenke nicht mehr so wie in jungen Jahren. Das liegt zum einen daran, dass sie vernachlässigt worden sind. Zum anderen zeigen sich erste Verschleißerscheinungen. Wie sagt das Sprichwort so treffend? Wer rastet der rostet. Es ist jedoch nicht nötig, dynamische Sportarten zu betreiben, um diesen Alterserscheinungen vorzubeugen. Man muss die Muskeln auch nicht dreimal wöchentlich stählen. Aber es ist wichtig, in Bewegung zu bleiben. Aquafitness ist deshalb ideal,

Kurse für Senioren – darauf sollten Sie achten

- Ältere Menschen bewegen sich nicht mehr besonders schnell. Alle Übungsabläufe werden entsprechend langsam abgestimmt sein. Deshalb ist es wichtig, dass die Wassertemperatur mindestens 30 bis 35 Grad beträgt.
- Lernen Sie den Übungsleiter kennen. Stellen Sie fest, ob er die Intensität seines Programms wirklich den Fähigkeiten und Bedürfnissen der Gruppe anpasst.
- Erkundigen Sie sich, ob bei Notfällen medizinisches Fachpersonal schnell erreichbar ist.
- Der gesamte Trainingsort sollte kritisch unter die Lupe genommen werden. Ist die Halle zugig? Muss man viele Treppen bewältigen, um in die Umkleideräume oder zum Becken zu gelangen? Wie seniorenfreundlich sind der Ein- und der Ausstieg in das bzw. aus dem Wasser?

weil der bereits angegriffene Knochenbau auf schonende Weise trainiert wird. Die Gelenke älterer Menschen werden leicht steif, weshalb ihnen alltägliche Abläufe wie Hinsetzen, Aufstehen oder Bücken häufig schwer fallen. Wassergymnastik verbessert die Beweglichkeit des gesamten Bewegungsapparates oder verhindert zumindest, dass diese noch weiter abnimmt. Ein positiver Nebeneffekt: Wer einen festen Termin hat, rafft sich auch mit größerer Wahrscheinlichkeit auf, wenn das Wetter beispielsweise nicht gut ist. Er kommt mal aus den eigenen vier Wänden und tut seiner Gesundheit in geselliger Runde etwas Gutes.

Programme für Frauen in der Schwangerschaft

Während der Schwangerschaft darf und soll sich die Frau bewegen. Das gilt natürlich nur dann, wenn es sich nicht um eine Risikoschwangerschaft handelt und der behandelnde Arzt vielleicht sogar strenge Bettruhe verordnet hat. Im Normalfall jedoch ist Sport sehr gut und hilfreich. Allerdings mit gemäßigtem Tempo und mit gebremster Intensität. Der große Vorteil von Schwangerschaftsgymnastik, die im Wasser stattfindet, ist die Tragkraft des nassen Elements. Besonders, wenn die Entwicklung des Babys im Mutterleib schon weit fortgeschritten ist, die Frau sich schwer und unbeweglich fühlt und jeder Schritt zur Last wird. Im Wasser spürt man das Gewicht nicht mehr. Die werdende Mutter fühlt sich endlich wieder so leicht wie vor ihrer Schwangerschaft. Die in der Endphase vor der Geburt bereits stark belasteten Gelenke erfahren ebenfalls eine Erleichterung. Darüber hinaus führt das Training zu einer verbesserten Körperhaltung der Mutter. Diese kann wiederum für die optimale Lage des Babys förderlich sein. Rückenprobleme, Wadenkrämpfe, Krampfadern und Hämorriden werden möglicherweise vermieden. Man sagt, dass Frauen, die sich während der Schwangerschaft fit halten, meist eine leichtere Geburt haben. Außerdem sind sie nach der Geburt schneller wieder in guter konditioneller Verfassung. Zuletzt sei noch erwähnt, dass sowohl die schwangere Frau als auch das ungeborene Kind von Aquafitness profitieren. Die Sinnesorgane des Babys entwickeln sich ab der zehnten Schwangerschaftswoche. Man kann davon ausgehen, dass das Ungeborene von dem Moment an immer mehr von seiner Umgebung wahrnimmt. Schwebt Muttis Bauch von einer Poolnudel getragen im warmen Wasser, steigt auch das Wohlbefinden des Babys. Die Gesundheit wird ebenso gefördert. Durch die Bewegung nimmt die Mutter mehr Sauerstoff auf. Das kommt auch dem Nachwuchs zugute. Die Stärkung und Anregung des Herz- Kreislauf-Systems der Mutter beinflusst auch die Entwicklung des Kleinen von Anfang an positiv.

Kurse für Schwangere – darauf sollten Sie achten

- Stellen Sie fest, ob nach dem Stand der Schwangerschaft unterschieden wird. Eine Frau in der 11. Woche kann sicher noch intensiver trainieren als eine im 7. Monat.
- Idealerweise bereitet das Training die Frau auf die Geburt vor. So sollten zum Beispiel Übungen auf dem Plan stehen, die den Beckenboden kräftigen. Vergleichen Sie Ihre Schwangerschaftsgymnastik an Land mit den Übungen im Wasser. Oder lassen Sie sich von Ihrem Gynäkologen eine Liste mit sinnvollen Übungen geben.

Essen und Trinken

Sport und Ernährung

Aus zwei Gründen beschäftigt sich dieses Buch mit Ernährungsthemen. Einmal spielen diese für Sportler eine wichtige Rolle. Wer sich vor dem Training falsch ernährt, muss sich nicht wundern, wenn er das Gefühl hat, sich kaum von der Stelle rühren zu können. Wer generell viel isst, gerne zu Süßigkeiten und fetten Speisen greift, muss wissen, dass er trotz Aquafitness nicht abnimmt, sondern womöglich weitere Pölsterchen ansetzt. Der andere Grund ist die spezielle Form des Trainings. Selbst ohne jegliche Anstrengung fühlt man sich mit vollem Bauch im Wasser unwohl. Wie unangenehm wird es erst, wenn man ein Workout zu absolvieren hat.

Im Folgenden werden kurz die wichtigsten Bausteine einer gesunden Ernährung erläutert und speziell auf die Besonderheiten im Bereich Aquafitness eingegangen. Nehmen Sie sich also etwas Zeit für dieses Kapitel. Wenn Sie die Tipps und Regeln darin beherzigen, wird Ihr Aquafitness-Training zu einem Rundum-Gesund-Programm.

Perfektes Timing

Sind Sie der Typ, der morgens direkt nach dem Aufstehen am liebsten schon sein Sportprogramm absolviert? Oder brauchen Sie lange, um „in die Gänge" zu kommen und wollen sich erst abends bewegen? Es ist auf jeden Fall richtig, auf seinen Körper zu hören. Zwingen Sie sich nicht gegen Ihren eigenen Rhythmus Sport zu treiben. Gleichzeitig muss die Bewegung aber auch in den Tagesablauf passen, ohne dass Sie sich gestresst fühlen.

Langen Sie zu

Wer gleich morgens trainieren möchte, sollte seinem Magen vorher eine Kleinigkeit bieten. Eine Tasse Tee mit Honig oder eine Fruchtschorle versorgen den Organismus nicht nur mit Flüssigkeit, sondern schützen auch vor Unterzuckerung. Auch eine Scheibe Brot mit Marmelade oder ein Jogurt können vor dem Training gegessen werden. Sie können leicht feststellen, ob Sie vor dem Sport essen müssen oder nicht. Fühlen Sie schon nach den ersten Übungen ein Kribbeln in den Extremitäten oder in den Lippen, fangen Sie an zu zittern, bekommen Sie Herzklopfen oder Schweißausbrüche, dann neigen Sie zur leichten Unterzuckerung.

In diesem Fall ist es wichtig, dass Sie eine kleine Portion zu sich nehmen, bevor Sie mit Aquafitness starten. Wenn Sie zu Ihrem Trainingsort ein Stück Weg zurücklegen müssen, empfiehlt es sich, zu Hause ein kleines Frühstück zu sich zu nehmen und sich dann auf den Weg zu machen. So hat der Verdauungsapparat schon die Möglichkeit, seine Arbeit zu tun, bevor Sie ins Wasser steigen.

Eine Stunde Pause

Wer nach der Arbeit am Ende des Tages trainieren will, braucht sich um seinen Zuckerwert nicht zu sorgen. Er hat vermutlich schon Frühstück und das Mittagessen zu sich genommen. Das Abendbrot sollte auf einen Zeitpunkt nach dem Training verschoben werden. Mit vollem Bauch lässt sich nämlich nicht gut Sport treiben. Und das hat seinen Grund. Haben wir uns den Magen gerade so richtig voll geschlagen, wandert sehr viel Blut in den

Verdauungsbereich. Man sieht es nicht, man kommt nicht ins Schwitzen und man steuert es nicht bewusst oder aktiv. Trotzdem ist der Körper in Bewegung, vor allem der Magen und Darmbereich. Hier wird schwere Arbeit geleistet. Das Blut hilft, einfach gesagt, dabei, indem es Sauerstoff und andere Stoffe vermehrt hierher transportiert. Treibt man mit vollem Bauch Sport, wird das Blut in die Extremitäten und den Oberkörper abgezogen. Im Grunde ist es natürlich positiv, die Durchblutung im Körper anzuregen. Aber bitte nicht, wenn das Blut gerade im Magenbereich gebraucht wird. Die Folge wären Übelkeit, Bauchschmerzen und Verdauungsbeschwerden. Bei Aquafitness kommt erschwerend hinzu, dass der Bauch unter Wasser einem bestimmten Druck ausgesetzt ist. Stellen Sie sich vor, Sie hätten gerade opulent gespeist und sollten direkt anschließend eine stützende Leibbinde umlegen, die den Bauch zusammendrückt. Eine unangenehme Vorstellung. Genau das ist aber der Effekt, den der Druck des Wassers auf den Bauch ausübt.

Grundregel

Warten Sie mindestens eine Stunde nach dem Essen, bevor Sie mit dem Training beginnen. Die letzte Mahlzeit vor dem Sport sollte möglichst leicht sein. Haben Sie sehr schwer gegessen, warten Sie lieber etwas länger.

Ernährung für Wassersportler

Der Speiseplan eines Sportlers, der im Wasser übt, unterscheidet sich nicht von dem eines „Trocken-Sportlers". Allerdings ist zu bedenken, dass der Energiebedarf des Körpers im Wasser schon im Ruhezustand erhöht ist. Bei gleicher Anstrengung an Land und im Wasser ist der Stoffwechsel im Wasser höher. Entsprechend verhält es sich mit dem Energiebedarf. Wichtig ist, dass der Organismus mit allen Nährstoffen ausreichend versorgt wird. Wenn man als Einsteiger mit Aquafitness beginnt, wird man feststellen, dass der Kalorienbedarf steigt. Will man die Figur nur formen, aber keine Kilos verlieren, so wird man seinem Körper mehr Nahrung als zuvor anbieten müssen. Wer abnehmen will, kann die Kalorienmenge beibehalten, da er den Verbrauch erhöht. Mindestens ebenso bedeutend wie die Menge ist das, was auf den Tisch kommt. Täglich nehmen wir Proteine, Kohlenhydrate (Zucker), Fette, Vitamine, Mineralien, Spurenelemente, Ballaststoffe und natürlich Wasser zu uns. Die gesamte Nahrung wird verdaut und der Stoffwechsel angeregt. Sie wird entweder zu Energie, das heißt zu Körperwärme oder Muskelkraft, zu Baustoffen, zum Beispiel für neue Zellen oder zu Vorratsstoffen. Das ist Glykogen oder Depotfett. Fehlen einige der genannten Nährstoffe, ist mit Mangelerscheinungen zu rechnen. Nur Fette, Kohlenhydrate und Proteine versorgen den Organismus mit Energie.

Kohlenhydrate

Sie sind die Energielieferanten, die am schnellsten und leichtesten zu verwerten sind. Es gibt Einfach- und Mehrfachzucker, die unterschiedlich schnell umgesetzt werden. Einfachzucker, wie sie in Süßigkeiten und Haushaltszucker enthalten sind, werden rasch vom Blut aufgenommen. Kohlenhydrate aus Vollkornprodukten und Hülsenfrüchten beispielsweise brauchen dagegen länger. Schnelle Energie ist für den Sportler manchmal unverzichtbar. Sinnvoller ist es aber, sich langfristig vor dem Training mit gesunden Kohlenhydraten zu versorgen, sodass die Energie dann zur Verfügung steht, wenn sie gebraucht wird. Schnell resorbierbare Zuckerverbindungen sorgen dafür, dass der Blutzuckerspiegel rasch ansteigt. Entsprechend folgt aber sofort eine hohe Insulinausschüttung. Die hat wiederum zur Folge, dass die Serotoninmenge im Gehirn erhöht wird, was den Schlaf und nicht Ausdauer und Körperkraft fördert. Durch die starke Ausschüttung von Insulin fällt der Blutzuckerspiegel schnell und stark wieder ab. Es können sich Unwohlsein und Hungergefühle einstellen.

Süßigkeiten – in Maßen

Soeben wurde beschrieben, warum der Verzehr von vielen Süßigkeiten müde macht, statt Energie zu liefern und deshalb schon kurze Zeit nach dem genussvollen Naschen wieder neuer Heißhunger entsteht. Wer abnehmen will, muss diesen Teufelskreis durchbrechen und Vollkornprodukte, Obst und Hülsenfrüchte als Kohlenhydratlieferanten bevorzugen. Aber: Verbote helfen nichts! Ein Stückchen Schokolade oder Gebäck sind gut für die Seele. Strenge Enthaltsamkeit wird selten dauerhaft durchgehalten.

Fett ohne Fett?

Einer der größten Diätfehler ist, fast vollständig auf Fett zu verzichten. Ganz ohne geht es nicht, denn sonst würden Mangelerscheinungen auftreten. Minimiert man die Fettaufnahme, gerät der Körper bereits in eine Notlage. Er wird jedes bisschen Fett – und er wird welches bekommen – viel leichter speichern.

Den Teil, der von Kohlenhydraten gelieferten Energie, der nicht sofort verbraucht wird, lagert der Körper als Fett ein. Kommt es zu Belastungen, verbrennt der Körper die ihm zur Verfügung stehenden Kohlenhydrate. Für die aerobe Verbrennung ist Sauerstoff nötig. Reicht der nicht mehr aus, ist von anaerober Verbrennung die Rede. Das Abfallprodukt Milchsäure, auch Laktat genannt, entsteht. Wird die Menge sehr groß, übersäuern die Muskeln regelrecht und können nicht mehr arbeiten. Schwere Beine oder Brennen in den Muskeln sind typische Anzeichen. Auch der Muskelkater am nächsten oder übernächsten Tag weist darauf hin, dass der Bewegungsapparat überfordert wurde. Er wird nämlich auch teilweise durch die Übersäuerung verursacht. Eine andere Ursache für Muskelkater ist, so vermutet man heute, dass es durch die Überbelastung zu feinen Rissen in den Muskelfasern kommt. Dort sammelt sich vermehrt Wasser an, was zu Schwellungen und damit auch zu einem Dehnungsschmerz führt.

Fette

Der eine schüttelt sich, wenn er ein fettes Eisbein vor sich hat, der andere leckt sich die Finger nach Speck oder Pommes mit Majo. Fett ist ein Geschmacksträger. Ohne Fett würde uns so mancher kulinarische Hochgenuss entgehen. Wieder einmal kommt es auf die Menge und natürlich auch auf die Art des Fettes an, das man zu sich nimmt. Zunächst muss gesagt werden, dass Fette die Hauptenergieträger des Körpers sind. Man kann davon ausgehen, dass sie bis zu 98 % der gesamten Energie-Depots zur Verfügung stellen. Weil der Organismus mehr Sauerstoff braucht, um Fett verbrennen zu können, hält er sich zunächst an die Kohlenhydratspeicher. Erst wenn die leer sind, greift er die Fettreserven an. Das gilt jedenfalls für sportliche Belastungen. Im Alltag wird ständig Energie aus den Fettreserven gezogen, zum Beispiel um die Körpertemperatur konstant zu halten. Ernährungswissenschaftler würden niemals ernsthaft empfehlen, kein Fett mehr zu sich zu nehmen, da es für den Zellaufbau und auch für den Hormonhaushalt von großer Bedeutung ist. Allerdings muss man dabei die Art des Fettes unterscheiden. Ungesättigte Fettsäuren oder sogar mehrfach ungesättigte Fettsäuren, die übrigens ausschließlich pflanzlichen Ursprungs sind, tun dem Organismus gut. Tierische Fette dagegen sollten so stark wie möglich reduziert werden. Besonders gesunde Fettlieferanten sind Pflanzenöle. Auch mit Fisch und Nüssen lässt sich der Fettbedarf figurfreundlich decken.

Proteine

Energielieferant Nummer drei ist besser bekannt als Eiweiß. Protein ist der Fachbegriff für Eiweiße. Sie als Energielieferanten zu bezeichnen, ist nicht ganz richtig. Zwar stimmt es, dass Proteine dem Organismus Energie verschaffen können. Dies ist aber nur dann der Fall, wenn dem Körper aus verschiedenen Gründen weder Kohlenhydrate noch Fett zur Verbrennung zur Verfügung stehen. Bei schlechten Diäten kommt das manchmal vor.

Der Jojo-Effekt

Fettreduzierte Speisepläne im Rahmen einer Diät führen dazu, dass zunächst Kohlenhydrate und Eiweiße verbrannt werden. Das eingelagerte Fett wird nur zögerlich herangezogen. Hält die stark energiereduzierte Kost an, schreitet der Abbau von Eiweiß, das teilweise in den Muskeln sitzt, fort. Der Verlust von Muskelmasse ist umso stärker, wenn der Betreffende keinen Sport treibt. Mehr Muskeln bedeutet mehr Energieumsatz selbst im Ruhezustand. Umgekehrt heißt das, durch die kalorienreduzierte Ernährung ist unter anderem die Muskelmasse und damit der Energiebedarf des Körpers gesenkt worden. Wenn man nun die Kalorien zu sich nimmt, die vor der Diät bedarfsgerecht waren, bekommt der Organismus ein Überangebot und beginnt sofort wieder mit der Speicherung.

Proteine erfüllen im Körper vielerlei überlebenswichtige Aufgaben. Sie sind maßgeblich am Aufbau und der Reparatur von Zellen beteiligt, steuern als Hormone und Enzyme die Vorgänge im Organismus und spielen bei der Blutgerinnung und im menschlichen Immunsystem eine große Rolle. Sie sind in Fleisch, Molkereiprodukten, Hülsenfrüchten und natürlich in Eiern enthalten. Tierische Eiweiße sind hochwertiger als pflanzliche. Vegetarier können daher leicht an Mangelerscheinungen leiden, wenn sie nicht gezielt für den nötigen Ausgleich sorgen. Zwölf bis 15 % der täglichen Nahrungszufuhr sollten aus Eiweiß bestehen. Als Richtwert können Sie von einem täglichen Eiweißbedarf von einem Gramm pro Kilo Körpergewicht oder maximal 70 bis 80 Gramm täglich ausgehen. Kinder und Jugendliche im Wachstum, schwangere und stillende Frauen und auch Hochleistungssportler haben einen deutlich höheren Bedarf. Er kann bei bis zu 2,5 Gramm pro Kilo Körpergewicht liegen. Übersteigt die Aufnahme den tatsächlichen Bedarf, werden auch Proteine in Fett umgewandelt und eingelagert. Auch können die Nieren geschädigt werden.

Vitamine

Vitamine sind Reglerstoffe, die Abläufe im Körper sozusagen organisieren. Sind sie in ausreichender Menge vorhanden, läuft alles einwandfrei. Fehlen sie aber, treten Mangelerscheinungen auf. Das können Entzündungen der Haut, Nachtblindheit, Nervosität, Schlaflosigkeit, Müdigkeit oder auch Verdauungsstörungen sein. Vitamine sind umgekehrt daran beteiligt, dass wir Appetit verspüren, ruhig und ausgeglichen sind und einen tiefen Schlaf haben. Sie spielen eine Rolle beim Wachstum, der Selbstheilung der Haut und natürlich im menschlichen Immunsystem. Leider kann der Organismus einige in kleinen Mengen, andere dagegen gar nicht selbst produzieren. Speichern kann der Körper Vitamine auch nicht. Er muss sie mit der Nahrung aufnehmen, und das jeden Tag aufs Neue. Während des Wachstums, während einer Krankheit oder bei hohen körperlichen Belastungen sollte die Vitaminzufuhr erhöht werden. Bedauerlicherweise liefert unsere Nahrung die Reglerstoffe zum Teil nicht mehr in ausreichender Menge, wenn zum Beispiel mehr Fleisch,

Vom richtigen Umgang mit Vitaminen

- Bewahren Sie Obst und Gemüse kühl und dunkel auf.
- Waschen Sie Obst und Gemüse in einem Stück, bevor Sie es in Stücke schneiden. Waschen Sie es nur kurz. Je länger es dem fließenden Wasser ausgesetzt ist, desto mehr Vitamine büßt es ein.
- Wenn Sie Gemüse vorbereiten, legen Sie es nach dem Putzen nicht schon in einen Topf mit Wasser. Besser ist, Sie wickeln es bis zur Weiterverarbeitung in ein feuchtes Tuch.
- Kaufen Sie Ihr Obst und Gemüse möglichst direkt beim Erzeuger. Kaufen Sie nur die Mengen, die Sie rasch verbrauchen. Durch Lagerung gehen Vitamine verloren. Der Gehalt an Vitamin C beispielsweise liegt am vierten Tag nur noch bei etwa 40 %.

Brot und Süßigkeiten als Obst und Gemüse konsumiert werden. Zum anderen sind lange Lieferwege, bis das Produkt in den Supermarkt gelangt sowie Fehler bei der Lagerung und der Zubereitung mitverantwortlich dafür, dass die einst vorhandenen Vitamine ganz oder teilweise zerstört werden. So kann selbst in einer überversorgten Gesellschaft eine Form von Ernährungsmangel entstehen.

Mineralstoffe

Kalium, Kalzium, Magnesium und Phosphor sind Beispiele für Mineralstoffe. Diese Nahrungsgruppe versorgt den Körper mit Bau- und Reglerstoffen. Mineralien sind zum Beispiel erheblich am Knochenbau und der Zahnbildung beteiligt. Sie leisten außerdem einen Beitrag beim Aufbau von Muskeln, Nerven und Blut. Als Reglerstoffe haben sie Anteil an der Enzymbildung, am Transport von Sauerstoff durch den Körper oder auch an der Weiterleitung von Energie zu den Muskeln. Wer diese Funktionen von Mineralien kennt, begreift sofort, warum er gerade auf eine ausreichende Versorgung achten muss, wenn er Sport im Wasser treiben will. Im Grunde gilt: Wer keine Diät hält, sondern sich ausgewogen und überwiegend frisch ernährt, bekommt alle Stoffe, die er benötigt. Bei fleischloser Ernährung

oder wenn wenig Obst und Gemüse gegessen wird, sollte die Aufnahme aller wichtigen Stoffe überprüft werden. Die Anzahl von Mineralien und Spurenelementen ist zu groß, als dass sie hier alle mit den Lebensmitteln, in denen sie enthalten sind, aufgezählt werden könnten. Hier nur einige Beispiele: Eisen ist wichtig für die Blutbildung. Es ist in Erbsen, Bohnen und Fleisch enthalten. Kalium ist ein wichtiger Elektrolyt, also ein geladenes Teilchen. Es wird zum Beispiel für die Aktivierung bestimmter Enzyme benötigt und ist damit für den menschlichen Stoffwechsel von großer Bedeutung. Sie finden Kalium, das für die Muskelfunktion und ebenfalls für die Aktivierung von Enzymen benötigt wird, in Bananen, Spinat, grünem Salat und Pfifferlingen. Kalzium kommt in Milch und Milchprodukten vor. Es hat vor allem im Knochenbau und bei der Zahnbildung sowie bei der Blutgerinnung eine wichtige Bedeutung. Auch Magnesium ist am Aufbau und Erhalt des Skeletts einschließlich der Zähne beteiligt. Es übernimmt außerdem Aufgaben bei der Steuerung von Muskel- und Nervenfunktionen. Auch Magnesium aktiviert Enzyme. Sie beziehen es beispielsweise aus Sonnenblumenkernen, ungeschältem Reis, Rohkost, Kakao oder aus Nüssen.

Nahrungsergänzungsmittel

Besonders unter Sportlern ist es beliebt, zu Nahrungsergänzungs-

Schutz vor Wasser

Auch Mineralstoffe sind „Sensibelchen". Sie sind wasserlöslich. Das heißt, auch sie gehen verloren, wenn Gemüse lange oder bereits zerkleinert gewaschen oder in Wasser gelagert wird.

mitteln zu greifen. Zum Teil suggeriert die Werbung solcher Produkte, dass mit der normalen Nahrung nicht mehr genügend Vitamine, Proteine, Mineralien und Spurenelemente aufgenommen werden können, weil die Böden zu arm und die darauf wachsenden Lebensmittel „leer" und nicht mehr frisch sowie von Konservierungsstoffen und Geschmacksverstärkern zerstört seien. Sicher ist es sinnvoll, dem Körper nach ausgiebigem Training Protein zur Verfügung zu stellen, damit Muskeln aufgebaut werden können. Ein Omelett oder Molkereiprodukte sollten diesen Zweck aber auch erfüllen. Vor allem, wenn sie frisch zubereitet sind und aus kontrollierter Herkunft stammen. Nicht unsere Nahrung ist grundsätzlich schlecht, sondern unsere Ernährungsgewohnheiten! Wenn Sie lieber zu Protein-Shakes und Soja-Drinks greifen wollen, informieren Sie sich genau darüber, was sonst noch enthalten ist. Gegen die Einnahme von Mineralstoffen, Spurenelementen oder Vitaminen in konzentrierter Form ist dann nichts zu sagen, wenn entweder erhöhter Bedarf besteht, der mit der täglichen Nahrung nicht ausgeglichen werden kann, oder wenn bereits ein Mangel diagnostiziert wurde, der beseitigt werden soll. Auch im Rahmen von einer stark energiereduzierten Ernährung kann es sinnvoll sein, mit solchen Präparaten den Tagesbedarf zu decken. Einige Produkte enthalten jedoch die zehnfache Menge des Tagesbedarfs. Selbst wenn dadurch keine Schäden entstehen, so kann der „Vorrat" doch nicht gespeichert werden und wird ungenutzt ausgeschieden. In jedem Fall sollte vor der Einnahme ein Arzt befragt werden. Er sollte untersuchen, ob ein Mangel vorliegt bzw. entscheiden, ob das von Ihnen geplante Sportprogramm einen erhöhten Bedarf zur Folge haben wird. Eine Diät, die so streng durchgeführt wird, dass sie gefährliche Mängel mit sich bringt, ist ohnehin nur auf Verordnung und unter Kontrolle eines Mediziners akzeptabel.

Viel Trinken

Wasser ist Leben. Es ist der größte Bestandteil unseres Körpers und übernimmt im Organismus eine Reihe wichtiger Funktionen. Leider hat der moderne Mensch verlernt, ausreichend zu trinken. Besser gesagt: Er trinkt falsch. Kaffee zum

Beispiel darf nämlich nicht mitgezählt werden, wenn die Flüssigkeitszufuhr des Tages berechnet wird. Und auch erst dann zu trinken, wenn der Durst schon riesengroß ist, ist ein Fehler. Denn Durst ist bereits ein erstes Anzeichen von Flüssigkeitsmangel.

Durst ist ein Symptom, das einen Mangel anzeigt. Dieser Mangel sollte aber gar nicht erst entstehen. Der Körper verliert mit den Ausscheidungen und über die Haut ständig Flüssigkeit. Trinken Sie deshalb lieber regelmäßig über den Tag verteilt kleine Mengen, sodass sich der Durst niemals meldet und die Verluste umgehend ausgeglichen sind. Außerdem ist Trinken aktive Nierenpflege. Nur wer sich ausgewogen ernährt, ausreichend Flüssigkeit aufnimmt und sich bewegt, unterstützt die Nierenfunktion und schützt sich vor Nierensteinen.

Was macht das Wasser im Körper?

Da der menschliche Körper zu einem großen Teil aus Wasser besteht, können wir das nasse Element als Baustoff betrachten, der zum Beispiel dafür sorgt, dass die Haut elastisch bleibt. In dem Abschnitt über Mineralien und Vitamine wurde gesagt, dass diese wasserlöslich sind, was im Körper einen ganz bestimmten Zweck erfüllt. Das Wasser hat nämlich die Aufgabe, Nährstoffe aus den Lebensmitteln zu lösen, damit sie die Darmwand durchdringen können. Wasser sorgt außerdem für die richtige Konsistenz von Blut und Lymphe. In diesem Zusammenhang übernimmt es eine wichtige Funktion als Transportmittel. Nur wenn Blut und Lymphe zügig fließen können, werden darin gelöste Stoffe schnell genug zu den Verbrauchern befördert. Und auch nur dann können Abfallstoffe zu-

Richtig trinken

- Der Körper benötigt durchschnittlich zwei bis drei Liter Flüssigkeit täglich. Ein Teil davon wird mit festen Nahrungsmitteln aufgenommen. Eineinhalb bis zwei Liter sollten jedoch getrunken werden.
- Bei Hitze oder körperlicher Belastung steigt der Flüssigkeitsbedarf.
- Haben Sie tagsüber immer ein Getränk in greifbarer Nähe. Dann trinken Sie, bevor der Durst eintritt.
- Alkohol und koffeinhaltige Getränke führen zu rascherem Flüssigkeitsverlust. Sie zählen in der Tagesbilanz nicht mit und sollten sparsam genossen und durch zusätzlichen Wasserkonsum ausgeglichen werden. Das gilt auch für stark zuckerhaltige Getränke.

verlässig abtransportiert und ausgeschieden werden. Zum Schluss sei noch auf die wichtige Funktion des Wassers als Temperaturregler hingewiesen. Die menschliche Haut hat die Fähigkeit, bei großer Wärme Wasser über die Poren abzugeben, das verdunstet und so den Körper abkühlt. Ist diese Funktion gestört bzw. nicht genügend Wasser vorhanden, um sie zu erfüllen, entsteht ein Hitzestau mit der möglichen Folge eines Kreislaufzusammenbruchs.

Das sollten Sie trinken

Auf dem Weg durch verschiedene Erdschichten löst Wasser Mineralien. Wer viel schwitzt, verliert reichlich Mineralstoffe. Ein hochwertiges Mineralwasser sorgt für den Ausgleich. Lassen Sie sich von dem erfrischenden Gefühl, das Sie selbst bei anstrengendem Training im Wasser noch haben, nicht täuschen. Der Flüssigkeitsbedarf ist trotzdem gestiegen. Trinken Sie also vor und nach der Aquafitness-Einheit reichlich Mineralwasser. Dauert das Workout nicht länger als eine Stunde, brauchen Sie zwischendurch nicht zur Trinkflasche zugreifen. Ein wunderbares Getränk, das jeden Fitness-Drink überflüssig macht, ist Apfelschorle. Mischen Sie einen Teil zuckerfreien Apfelsaft mit drei Teilen Mineralwasser. Apfelsaft ist besonders reich an Kalium und versorgt Sie – zusammen mit dem Mineralwasser – optimal.

Bildnachweis

Wir bedanken uns bei allen Firmen , die uns durch die Bereitstellung von Abbildungen freundlicherweise unterstützt haben.

Arena: 27, 28, 30, 40, 48, 49, 50
Bilderbox: 115, 126
djd deutsche Journalisten Dienste: djd/otc direkt GmbH 7; djd/RIEMSER Arzneimittel AG 97; djd/Take Care Consulting GmbH 113; djd/Mestemacher GmbH 119; djd/BIOLABOR GmbH & Co. KG 124
ifa Bilderteam: 5, 23, 25, 35, 45
Mauritius GmbH: 15, 34, 100, 117
OÖ Tourismus/Therme Geinberg: 10, 105
Sport Thieme GmbH, www.sport-thieme.de: 21, 33, 36, 38, 39 (2), 41 (2), 42, 43 (2), 44 (2)